Experiencing Chinese
Advanced Course I

体验汉语
高级教程 1

Tiyan Hanyu Gaoji Jiaocheng

主　　编　姜丽萍
分册主编　于天昱
编　　者　于天昱　王磊　沈铁

高等教育出版社·北京

图书在版编目（C I P）数据

体验汉语高级教程. 1 / 姜丽萍主编；于天昱分册主编. -- 北京：高等教育出版社，2012.9（2019.7重印）
ISBN 978-7-04-035591-8

Ⅰ. ①体… Ⅱ. ①姜… ②于… Ⅲ. ①汉语－对外汉语教学－教材 Ⅳ. ①H195.4

中国版本图书馆CIP数据核字（2012）第156241号

策划编辑 梁 宇　　责任编辑 王 群　　封面设计 彩奇风　　版式设计 刘 艳
责任绘图 彩奇风　　插图选配 张 琦 王 群　　责任校对 王 群　　责任印制 尤 静

出版发行 高等教育出版社
社 址 北京市西城区德外大街4号
邮政编码 100120
印 刷 涿州市星河印刷有限公司
开 本 889mm×1194mm 1/16
印 张 12
字 数 361千字
购书热线 010-58581118
咨询电话 400-810-0598
网 址 http://www.morefunchinese.com
http://www.hep.com.cn
网上订购 http://www.hepmall.com
http://www.hepmall.com.cn
http://www.hepmall.cn
版 次 2012年9月第1版
印 次 2019年7月第5次印刷

物 料 号 35591-01

ISBN 978-7-04-035591-8
定价 52元

前 言

《体验汉语高级教程》（1、2）是与《体验汉语基础教程》（1、2）和《体验汉语中级教程》（1、2）相衔接又分属不同教学阶段的教材，本教程定位于“高级”，旨在扩大学生词汇量、提高学生口头及书面表达能力，进而提高学生的汉语语言综合运用能力。

一、编写理念

本教程强调任务型教学理念，任务贯穿整个教学过程。主张让学生在完成任务中学习、掌握语言知识和技能，提高语言交际能力和语言综合运用能力。

《体验汉语高级教程1》为高级的第1册，共10个单元。每单元都以一个大任务主题统摄3个分任务，分置于3课中，分任务之间形成显性任务链，所有课文都为完成相关任务而进行编写，内容与现实生活紧密相关，层层深入。每课的任务中，又分为针对课文的任务和扩展型任务，难度上有梯度，螺旋式上升。在编写中，注重将语言规范性的学习内容融入具体的任务当中，兼顾听说读写四项语言技能的综合训练，但在每课中又各有不同的侧重点。

二、内容框架

根据以上理念，本书每个单元的框架结构具体如下：

1. **任务介绍**：引出话题，介绍本单元要完成的主要任务内容。
2. **第1课**：以听说为主，分为热身活动、生词学习、听后理解和口语活动。
3. **第2课**：以读说为主，分为热身活动、生词学习、课文理解、语言点讲解和口语活动。
4. **第3课**：以读写为主，分为热身活动、生词学习、课文理解、语言点讲解、写作活动和口语活动。
5. **综合练习**（在单独设计的配套《体验汉语高级教程练习册1》中）。

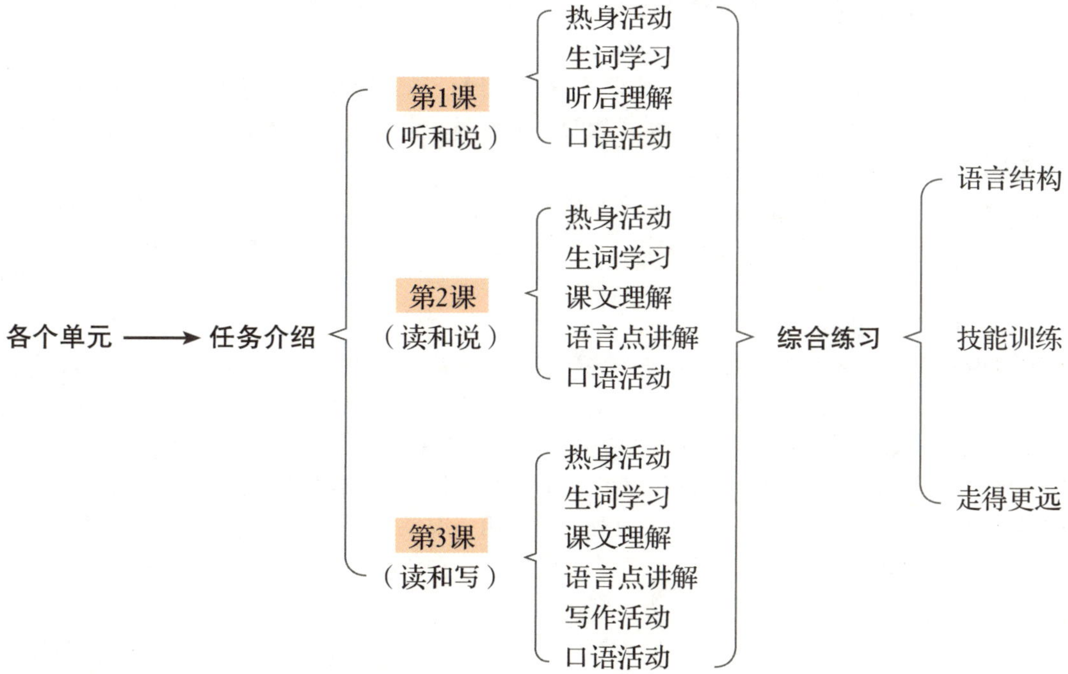

三、主要特点

1. 注重综合训练

本教程以听说读写四项基本技能训练为基础，既注重单一的技能训练，更注重两三项技能相结合的综合训练。每课课文后都有直接针对某项技能的规范性练习。每个单元的3课在各项技能训练上各有侧重：第1课以听说为主，注重听力和日常口语的训练；第2课以读说为主，展示规范准确的现代文文本并进行规范准确的口头表达；第3课以读写为主，强调运用特定表达式进行成段表达训练。而《体验汉语高级教程练习册1》则更注重听说读写综合能力的训练。

2. 重视中国文化的融入

中国文化方面的内容并非介绍讲解性的，而是嵌入式的。将文化内容作为完成任务的语言素材或背景知识，在完成任务的过程中将可输入的相关文化内容融入其中。

3. 体现语言素材的真实性、自然性和实用性

在内容上，本教程所选取的语言素材让学生能有身临其境之感，是学生现实生活中可感可触的内容，如真实的电话录音、网络博文、生活见闻等。另一方面，在具体语句选取上，包括例句、练习题都是尽量从现代汉语语料库中选取的真实语料，只根据教学需要作适度修改，以保证原汁原味。此外，每个单元中的文化扩展短文，即《体验汉语高级教程练习册1》中“走得更远”部分，更是现实生活的浓缩。

4. 重视词汇的比较和扩展

针对高级汉语教学在词汇量上的需求，一方面针对本课所学词汇作辨析和情境练习，另一方面针对本单元主题进行词汇扩展，使学生的词汇量在横向和纵向上得到强化和深化。

5. 分散难点，渐进深入

本教程打破以往高级教材编写时课文过长、过难，生词过于集中的弊端，采取分散难点的做法，同样是一个单元要掌握80个生词，我们把这80个生词分散到教材一个单元中的3课，以及《体验汉语高级教程练习册1》的泛读文章中，而这些部分有一个核心话题统领，使生词具有主题相对集中的特点，便于学生在语境中理解、掌握和运用。同样，课文编写也采取精读和泛读相结合的方法，分散难点。这种编排方法能引导学生低端进入、高端产出，使学生具有成就感。

6. 教师好教、学生好学、教学好用

对教师来说，可按照教材呈现的顺序，直接进行教学，这种编教思路希望能给年轻教师提供一种任务型的教学思路和教学流程，也希望能为有经验的老教师提供一些教学参考，更加丰富他们的教学方法。

对学生来说，本书的目的首先是引起学习兴趣，通过任务介绍和热身活动提高学生的学习热情和对话题的关注，然后通过精心设计的各个环节帮助学生理解，引导实现“做中学”，通过一系列任务的完成达到培养语言综合运用能力的目的。

对教学来说，本教程提供了大量听说读写各种技能训练内容，有利于教师备课和上课。在内容层级上，既有用于课堂讲解和训练的例句和练习，也有用于课下经过思考才能完成的综合练习，方便教学。

7. 版式设计新颖、独特

本教程的版式设计淡雅简洁，图文并茂，选配了大量图片，使内容更具真实性、趣味性和情境性。

特别感谢高等教育出版社的编辑们，她们在教材的策划、编写过程中提出了一些富有建设性的建议，更感谢她们的忘我工作热情和认真负责的态度，使得本教程能够保质保量地出版面世。

本书付梓之前虽曾经过主编、分册主编和各位编者多次打磨，但疏漏之处在所难免。我们衷心地希望使用本书的教师和学生，能够无保留地把自己的使用情况反馈给我们，更希望听到批评和建议。主编邮箱：lp360cn@yahoo.com.cn 。

姜丽萍

2012年6月

Preface

Experiencing Chinese · Advanced Course (1 & 2) dovetails with *Experiencing Chinese · Basic Course (1 & 2)* and *Experiencing Chinese · Intermediate Course (1 & 2)*, belonging to the next stage in the series. The purpose of the textbooks is to increase university students' vocabulary, to improve their ability to express themselves orally and on paper, thus to improve their ability in comprehensive Chinese application.

I. Concept

This series places emphasis on a task-based teaching philosophy, with tasks provided throughout the teaching process. It advocates allowing students to learn and grasp the knowledge and skills of the language through the completion of assignments, and to improve their communication and comprehensive language abilities.

Experiencing Chinese · Advanced Course 1 serves as the first volume of the advanced level, and includes ten units. Each unit consists of one main topic, which unifies three sub-topics, divided into three lessons. An explicit task-chain is formed within each sub-topic, and each text is compiled to provide students with topic-related tasks to complete, with the topics closely and deeply related to real life. The tasks in each lesson are divided into two types, those based on a text, and those given in extension, and their difficulty is on a gradient, forming a spiral pattern. In writing the study content, importance has been attached to the harmonization of language standards with specific tasks, and taking into account the comprehensive training of the four language skills: listening, speaking, reading, and writing; while the emphasis on each skill differs from lesson to lesson.

II. Framework

Based on the concept above, the specific framework of each unit is listed below:

1. **Task Introduction:** Leading to the topic, it introduces the content of the main task to be completed in each unit.
2. **Lesson One:** Giving priority to listening and speaking, it is divided into warm-up activities, study of new words and expressions, exercises of listening comprehension, and speaking activities.
3. **Lesson Two:** Giving priority to reading and speaking, it is divided into warm-up activities, study of new words and expressions, exercises of the text, explanation of language points, and speaking activities.
4. **Lesson Three:** Giving priority to reading and writing, it is divided into warm-up activities, study of new words and expressions, exercises of the text, explanation of language points, writing and speaking activities.
5. **Comprehensive Exercises** (found in the individually designed supporting *Experiencing Chinese · Advanced Course Workbook 1).*

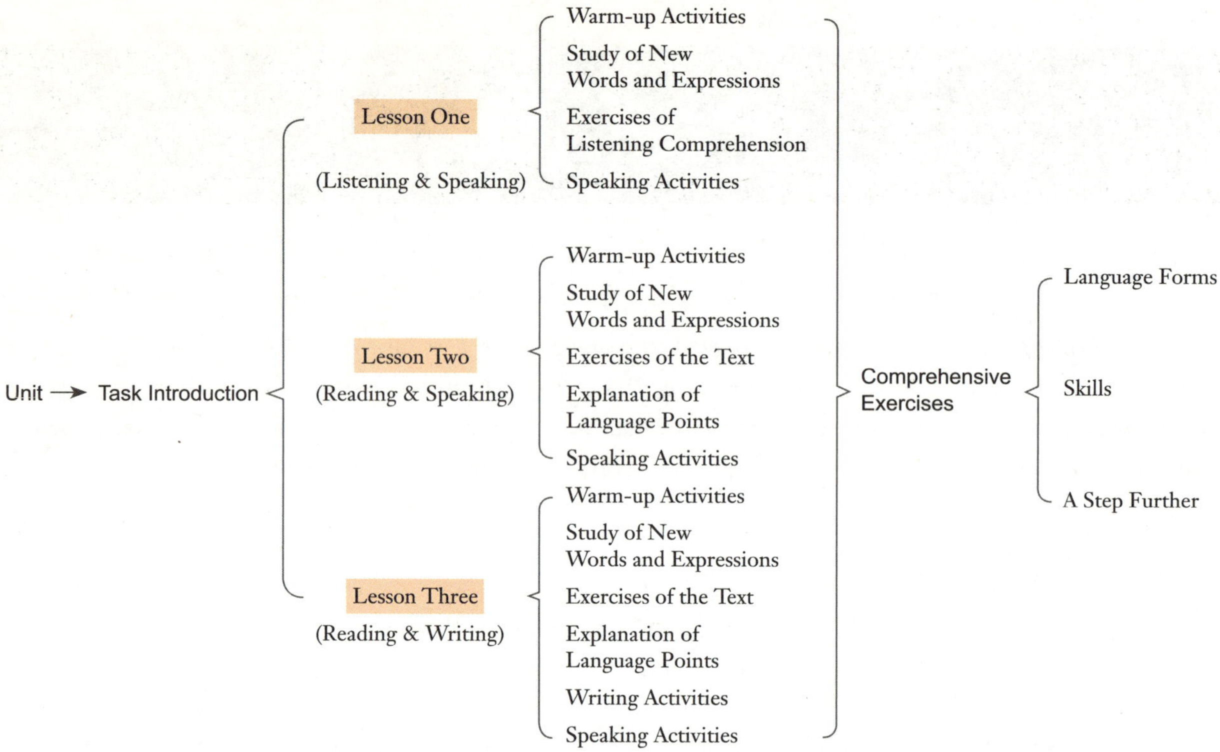

III. Key Features

1. Consideration of comprehensive training

The comprehesive training of four basic skills, listening, speaking, reading and writing form the basis of this textbook, with importance placed on both the training of each individual skill, and the training of two or three combined skills. Following the texts in each lesson are standardized exercises directly aimed at a specific skill. The three lessons in every unit have their own focus on particular skills: Lesson One gives priority to listening and speaking, attaching importance to the practice of listening and everyday spoken language; Lesson Two gives priority to reading and speaking, displaying a standardized and accurate modern text and proceeding to proper and accurate oral expression; Lesson Three gives priority to reading and writing, emphasizing the use of particular expressions and leading to the practice of a section. In addition, *Experiencing Chinese · Advanced Course Workbook 1* puts more stress on the comprehensive abilities of listening, speaking, reading and writing.

2. Emphasis on integrating Chinese culture

The relationship of the content to Chinese culture is not explained by introduction, but is embedded. Related cultural content, which are used as language materials or background knowledge, is integrated into the process of completing the tasks.

3. Authentic, natural and practical language materials

With regard to content, the selected language materials of this textbook allow students to have a feeling of being immersed. It is tangible to the students' real lives, such as authentic phone recordings, blogs and life experiences. From another aspect, specific language including example sentences and exercises are selected from a database of authentic modern Chinese language, and has only been modified to be in line with teaching needs to ensure authenticity. Moreover, the culturally-extended text in each unit, which is titled as A Step Further in the *Experiencing Chinese · Advanced Course Workbook 1*, is just concentrated on real life.

4. Emphasis on the comparison and expansion of vocabulary

With the needs of advanced Chinese vocabulary teaching, on one hand, the lessons are aimed at differentiation and situational exercises, and on the other hand, the units are aimed at the expansion of vocabulary on particular topics, intensifying and deepening learners' vocabulary horizontally and vertically.

5. Decentralized difficulty, progressively in-depth

This series improves on the drawbacks of previous advanced level textbooks, which had excessively long and difficult texts with densely concentrated new words and expressions, and adopted an approach of dispersed difficulty. In one unit, previous texts required the mastery of 80 new words and expression, while in this textbook, these 80 words have been dispersed among the three lessons of each unit, and the extended texts of *Experiencing Chinese · Advanced Course Workbook 1*. In addition, all these sections have a guiding core topic, specific to the central features of the main theme, making it easier for the students to comprehend, master and apply within one language context. At the same time, each text is written using a method of combining intensive and extensive reading to decentralize difficulties. This method of arrangement can lead students to enter at a low level, and finish at a high level, giving them a sense of accomplishment.

6. Users-friendly, easy to teach and to learn

For the teachers, they can teach directly according to the order of the materials presented. We hope the teaching ideas in this series can provide young teachers with a task-based teaching approach and process, as well as a teaching reference for experienced teachers to enrich their teaching methodology.

For the students, the aim of this book is first to lead to interesting study, with the introduction and warm-up sections arousing their enthusiasm for study and attention to the topic. Then, through careful design in all aspects, the series helps students with their understanding, leading to the reality of "learning by doing". Through the completion of a series of tasks, students can achieve their aims of improving their ability to use the language comprehensively.

For teaching, this textbook provides a range of content for each language skill: listening, speaking, reading and writing, which is conducive to helping teachers prepare and teach class. With regard to the content, for the convenience of teaching, there are example sentences and exercises suitable for explanation and practice in the classroom, as well as comprehensive exercises which can only be completed upon reflection after class.

7. Novel and uniquely designed layout

The layout of this textbook is designed with elegant simplicity. The large volume of illustrations are provided to make the content more authentic, interesting and situational.

Special thanks is contributed to the editors of the Higher Education Press, who during the planning and preparation process put forward many constructive suggestions. It is their selfless work ethic, serious and responsible attitude that make this textbook be published with quality and quantity.

Prior to the publication, although it has been polished many times by the editing team, inaccuracies and omissions are inevitable. We sincerely hope that teachers and students who use the book give feedbacks on their own usage of it without reservation, and look forward to hearing their comments and suggestions. Please send mail to the editor-in-chief at: lp360cn@yahoo.com.cn.

Jiang Liping
June 2012

使用说明

本教材适合已经掌握2500—3000个汉语词汇，具有中级以上汉语水平的学生使用。全书共10个单元，每单元围绕一个任务主题，由3课组成，全书共30课，每课课文长度约600—900字，每单元生词量约为65—80个。针对课堂教学，建议每单元授课6—8学时。

第1课

以听说为主，选取与本单元话题相关的真实语音材料输入给学习者，注重听力和日常口语的训练。

任务介绍

描述了在现实生活中可能接触到的某一个真实话题，并围绕这个话题设计了总体任务目标，也就是学习本单元后所要完成的语言任务。教师和学生可以据此对本单元的内容有一个总体把握，并以此为主线安排教学。

热身活动

在教学中帮助学生进行预习，熟悉本课将要学习和讨论的话题，充分调动已有的知识储备和能够通过网络等渠道获取的相关话题资源。教师在课堂利用几分钟时间让全班学生共同完成热身活动，并针对自己发现的问题和各自不同的看法进行讨论。

生词学习

在理解全文大意的同时，找到本文需要学习的重点词语。

听力理解练习

主要题型有判断正误、选择、完成表格等。

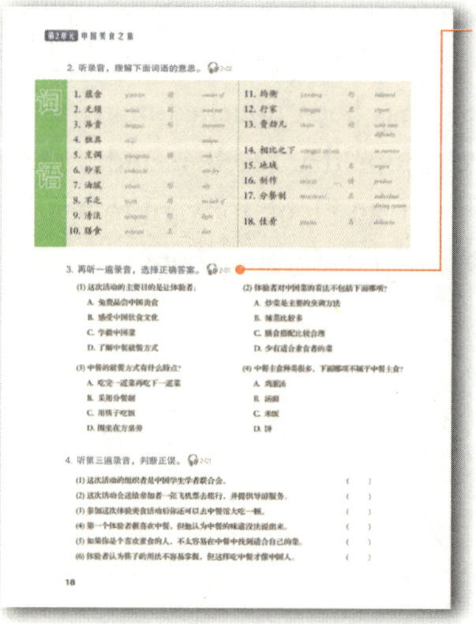

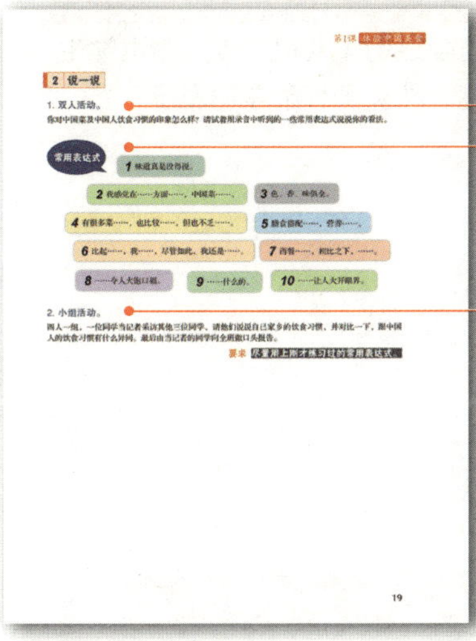

双人活动

针对课文内容的口头表达任务，需要学生合作完成。

常用表达式

让学生通过完成两个不同层次的口语任务，尽可能熟练地掌握本课重点口语表达句型，达到规范、准确、有条理地表述。

小组活动

学生四人一组，针对话题完成扩展性口头表达任务。

第2课

以读和说为主，精选各类现代文作为精读课文，注重训练学习者进行规范、准确的口头表达。

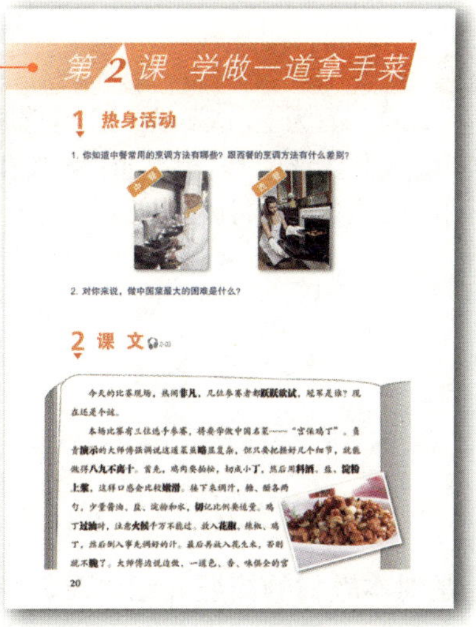

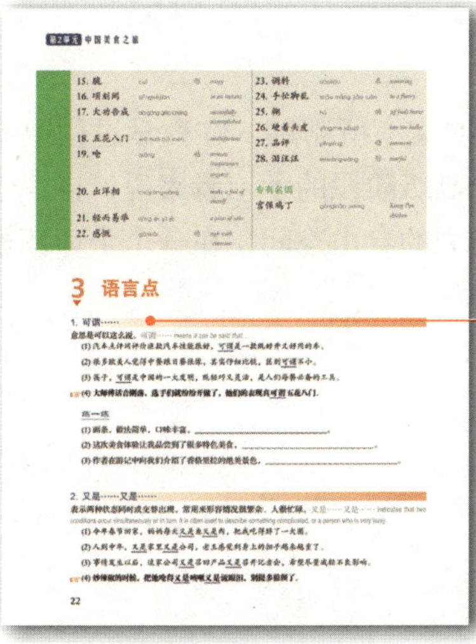

语言点

学习4—5个重要语言点，对部分近义词或表达式进行比较学习。

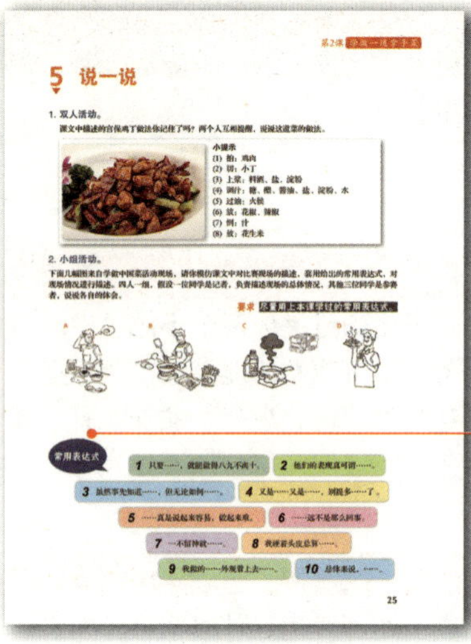

常用表达式

包含学过的重要语言点，帮助学生达到规范、准确、有条理地表述。

第3课

以读和写为主，围绕单元主题选取实用短文作为泛读课文，注重提高学生运用特定表达式进行成段书面表达。

以上是对本教材的简要介绍以及教学中的一些建议，希望对您有所帮助。在教学过程中您不必拘泥于我们的建议，可以根据实际教学情况灵活地安排教学。对于高级阶段的学习者来说，自主学习尤为重要，希望这本教材能为高级阶段的学习者提供一个提升汉语能力的自由空间，在一个个环环相扣的任务引导下积极主动地去学习。

于天昱

2012年6月

Instructions

This textbook is suitable for students who have already mastered 2 500-3 000 words of Chinese, specifically students with intermediate or above level of Chinese. The book includes ten units in total, with each unit centered on a task topic and composed of three lessons, giving the complete book a total of thirty lessons. Each text is around 600-900 characters, with approximately 65-80 new words in each unit. Aimed at being used in a classroom, the teaching of each unit is suggested to take 6-8 hours.

第2单元
中国美食之旅
第1课 体验中国美食
1 热身活动
16

Lesson One

Giving priority to listening and speaking, authentic recording materials related to the topic of the unit have been selected for the learners, placing importance on the practice of listening and everyday spoken language.

Task Introduction

This part describes an authentic topic which people meet in real life, the overall objectives designed around it, and the language tasks to be completed through the study of the unit. Based on this, both teachers and students can gain an overall grasp of the content of the unit, and can make a plan for teaching and learning.

2 听和说
17

Warm-Up Activities

This part helps the students to have a preview of the unit, to become familiar with the topic to be studied and discussed, to activate their prior knowledge reserves, and to be able to obtain resources related to the topic from channels such as the Internet. In class, the teacher can give the students a few minutes to work together to complete the Warm-up activities, discuss questions and give different opinions.

Study of New Words and Expressions

Learn the key words when listening to and understand the full text.

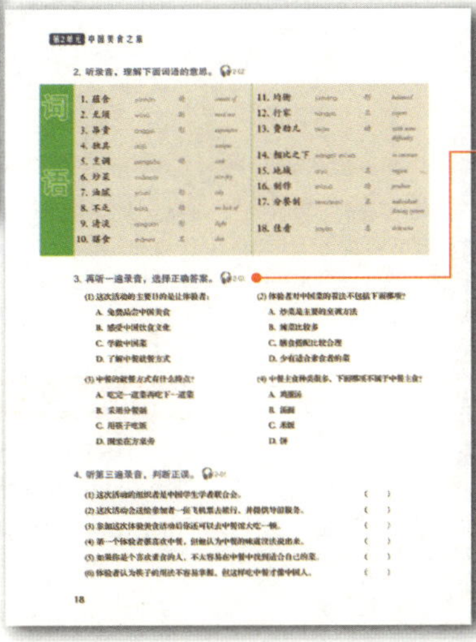
18

Exercises of Listening Comprehension

This part mainly includes the forms of true or false, multiple choice, and form completion question, etc.

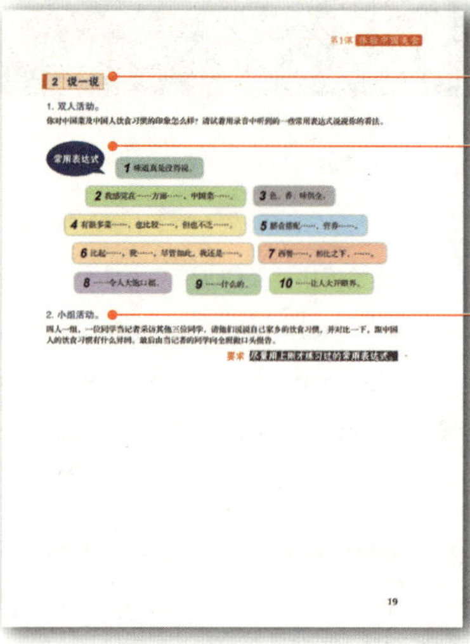

Pairs Activity

Oral expression tasks connected to the content of the test, requiring students' cooperation.

Commonly Used Expressions

Through the completion of two oral tasks at different levels, the students are able to skillfully master the lesson's key language expressions and structures, achieving standardized, accurate and structured language.

Group Activities

In groups of four, students complete extended oral tasks related to the topic.

Lesson Two

Giving priority to reading and speaking, specially selected modern texts are used for intensive reading. This part places importance on training learners to express themselves accurately.

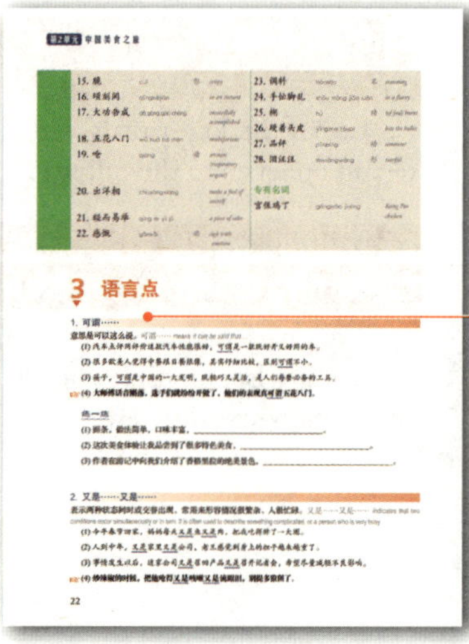

Language Points

In this part, study four or five key language points and compare near-synonyms or expressions.

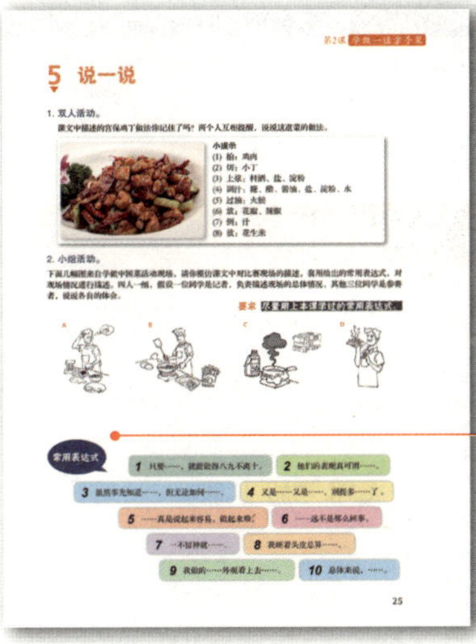

Commonly Used Expressions

This part contains the key language points previously studied to train students to express themselves accurately in a standard and structured manner.

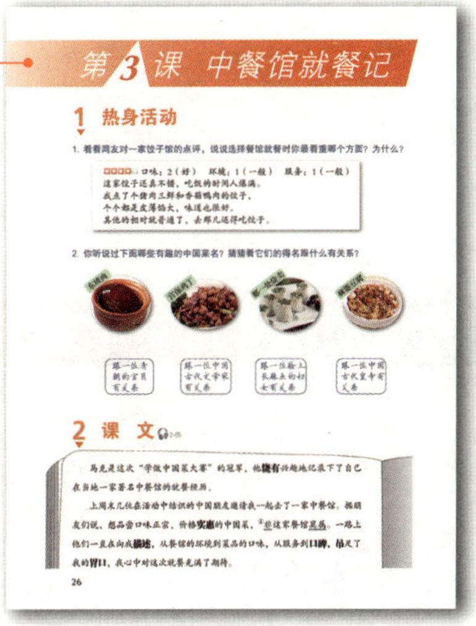

Lesson Three

Giving priority to reading and writing, an extensive reading text is selected, centered on the main theme of the unit. Importance is placed on improving students' use of specific written expressions.

Above is a brief introduction of this textbook and some suggestions on its use, which we hope can prove helpful. In the process of teaching, you need not feel confined to following our suggestions, you have the flexibility of planning your teaching according to the actual situations.

For advanced-stage learners, independent study is particularly important, we hope this textbook will provide them with a free space to enhance their Chinese ability through actively study under the guidance of closely interlinked tasks.

Yu Tianyu
June 2012

目 录

第 1 单元

去中国当"驴友"

任务介绍▶

学习汉语以后，你是不是很想去中国各地看看呢？如果有两周时间，你打算去哪儿？想参加旅行团还是自助游呢？你打算怎么安排这次旅行？

在这个单元，你要先进行旅行咨询，再尝试做一个两周的旅行计划并和大家一起分享自己的旅行感受。

第 1 课 旅游咨询

1 热身活动

1. 下图中这些地方你都知道吗？请试着将图片序号写在相应的地名后面。

北 京 ______ 上 海 ______ 西 安 ______ 成 都 ______ 杭 州 ______

哈尔滨 ______ 拉 萨 ______ 九寨沟 ______ 丽 江 ______ 桂 林 ______

2. 请上网了解一下中国各地的旅游资源，然后看看下面这个统计结果。如果请你参加评选，你最想去哪儿？你可以选择地区或城市，最多选三个，并简单说说为什么。

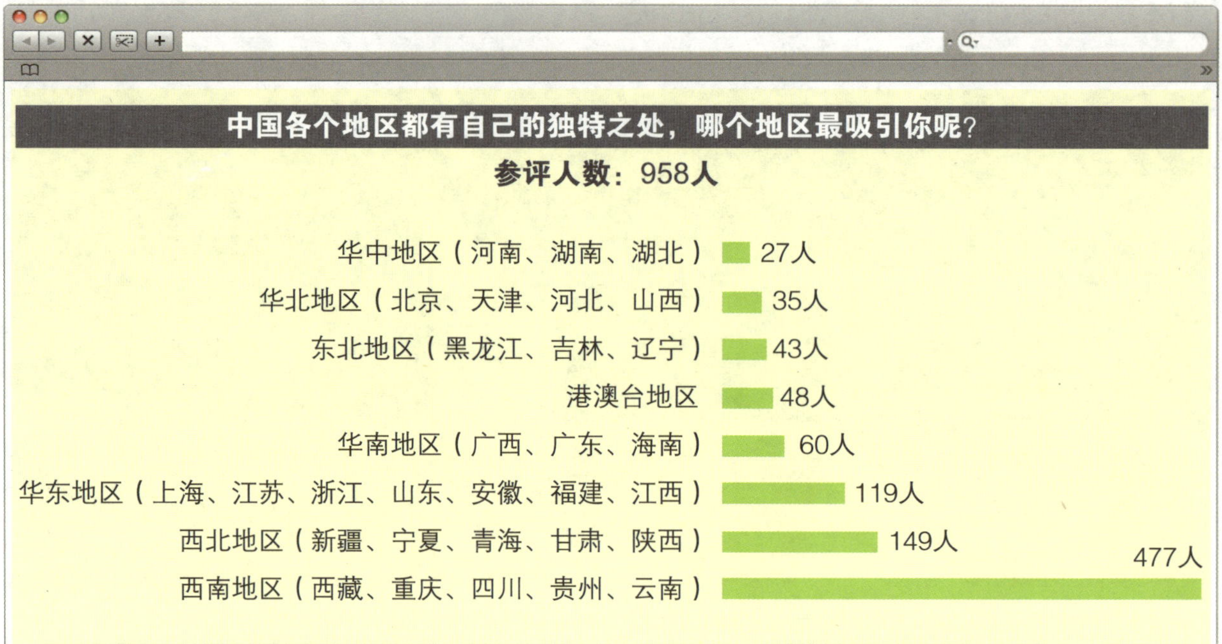

	地区	理　由
第一		
第二		
第三		

2 听和说

1 听一听

王小山是一个中国小伙子，目前在北京读研究生。关于两周的中国旅行听听他怎么说。

1. 听录音，边听边在你听到的词语下面画线，并试着理解课文大意。 1-01

土生土长	名胜古迹	再说	旅行攻略
之所以	是因为	检验	预算
通讯联系	意外情况	随身	双保险
羊肉泡馍	九寨沟	人间仙境	

2. 听录音，理解下面词语的意思。 1-02

词语

1.	土生土长	tǔ shēng tǔ zhǎng		*native*
2.	大街小巷	dàjiē xiǎoxiàng		*streets and lanes*
3.	攻略	gōnglüè	名	*strategy*
4.	检验	jiǎnyàn	动	*test, examine*
5.	成果	chéngguǒ	名	*outcome*
6.	预算	yùsuàn	名	*budget*
7.	心思	xīnsi	名	*thought*
8.	就算	jiùsuàn	连	*even if*
9.	意外	yìwài	形 / 名	*accidental; accident*
10.	慌	huāng	形	*nervous*
11.	实在	shízài	形/副	*honest; really*
12.	保险	bǎoxiǎn	形 / 名 / 动	*safe; insurance; insure*
13.	绝	jué	形	*superb*
14.	目的地	mùdìdì	名	*destination*
15.	人间仙境	rénjiān xiānjìng		*paradise on Earth*
16.	值得	zhídé	动	*be worth*

专有名词

羊肉泡馍	yángròu pàomó	*pita bread soaked in lamb soup*
九寨沟	Jiǔzhàigōu	*Jiuzhaigou National Park (a scenic valley in Sichuan Province)*

3. 再听一遍录音，判断正误。 1-01

以下哪些是王小山建议“他们”自助游的理由？

理　由	正	误
(1) 在北京、西安都有对当地熟悉的朋友		✓
(2) 有专业的导游为“他们”介绍旅游景点		✓
(3) 有关自助游的旅行书很多	✓	
(4) 网上可以找到很多自助游的攻略	✓	
(5) “他们”已经有一定的汉语基础	✓	
(6) 自助游在景点和时间上不受限制	✓	
(7) 自助游可以自己安排预算，省钱	✓	
(8) 自助游不必费时间计划、安排		✓
(9) 自助游更安全，更保险		✓

2 说一说

双人活动。

有几位朋友向你咨询去你们国家或者你家乡旅游的情况，请你试着说说自己的看法。

要求 尽量用上本课学过的常用表达式。

常用表达式

1 对……熟着呢。

2 还参加什么旅行团啊。

3 有些外国朋友之所以……，是因为……。

4 想去哪儿就去哪儿，想玩多久就玩多久。

5 咱们都是学生，能省就省点。

6 就算……，也别慌。

7 这样就双保险了。

8 那……绝了！

9 很值得一看！

3 听一听

考虑旅行计划前给旅行社打咨询电话也是个有效的办法。请听下面来自旅行社的咨询录音。

1. 听录音，边听边在你听到的词语下面画线，试着理解课文大意。 1-03

致电　　按　　业务　　暂时　　嗯

2. 听录音，理解下面词语的意思。 1-04

词语

1. 致电	zhìdiàn	动	make a call
2. 按	àn	动	press
3. 出境	chūjìng	动	leave the country
4. 业务	yèwù	名	business
5. 暂时	zànshí	名	temporary
6. 嗯	ǹg		well

3. 再听一遍录音，选择正确的答案。 1-03

(1) 如果你是录音中的咨询者，在电话接通后应该怎么做？

A. 按“1”键

B. 按“2”键

C. 按“3”键

D. 按“4”键

E. 按“5”键

(2) 录音中没提到哪个跟旅行有关的词语？

A. 旅行社

B. 周边游

C. 国内旅游

D. 出境旅游

E. 自助游

F. 团体旅游

(3) 这家旅行社的服务不包括哪项？

A. 代办国外旅游签证

B. 预订酒店

C. 预订机票

D. 安排在当地参团

(4) 下面哪项跟录音内容相符？

A. “他们”参加中文导游的旅行团完全没问题

B. “他们”的旅行目的地就是西安

C. 如果参加旅行团，不能只订单程机票

D. 这家旅行社有适合“他们”的旅游团

4 说一说

小组活动。

四人一组，跟同学商量一下，确定你们两周中国旅行的目的地，讨论选择跟团游还是自助游？为什么？最后由一位同学作口头报告。

要求 尽量用上刚才练习过的常用表达式。

第2课 九寨沟旅游攻略

1 热身活动

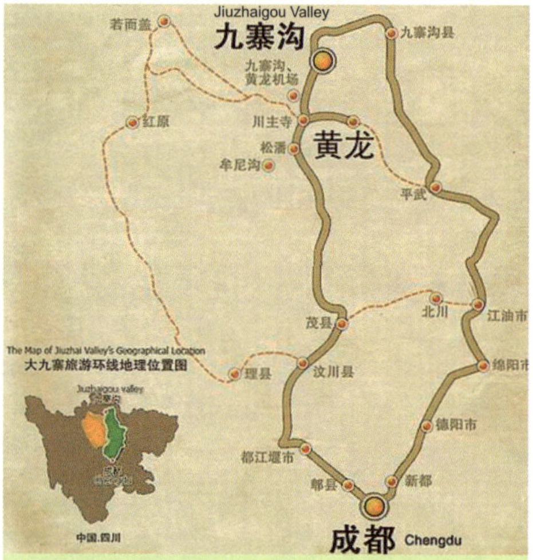

请在地图上找到九寨沟，并上网查找九寨沟的相关信息，看看你是否有兴趣去九寨沟旅游，为什么？

九寨沟的地形比较特别，你能看出来像哪个英文字母吗？

2 课 文 1-05

六月二十号我跟朋友刚从九寨沟回来，玩得十分**尽兴**。在此分享一些我的**体会**，**供**以后的驴友**借鉴**，同时也表达对之前攻略**撰写**者的感谢。

九寨沟一带景点**相对集中**，附近还有黄龙景区。目前旅游服务已相当**规范**，自认为①与其花钱请导游受限制，不如干脆选择自助游，想②怎么玩就怎么玩，**随心所欲**。我们十八号从成都出发，往返**均**乘飞机。去九寨沟如选择火车或自驾车体力**消耗**过大，③难免会影响欣赏美景的心情。

时间上至少要安排三天。具体安排如下：第一天，下飞机后吃午饭，游黄龙，然后乘车到九寨住宿。黄龙景色四季不同，对天气**依赖**不大，为节约时间可作为首选目的地；第二天，游九寨日则沟（Rìzégōu），也就是Y字型右边的一条沟，这里是九寨沟的**精华**，值得用一天时间，晚宿九寨。如天气不好可先完成第三天的**行程**，留下天气好的一天来游日则沟；第三天，游则查洼沟（Zécháwāgōu）和树正沟（Shùzhènggōu），如时间来得及就飞回成都，④否则就第四天回成都继续游玩。

出行前最好把租车**事项**定好，网上推荐的出租车司机很多，包括接机、送机、景点之间、酒店之间的全部行程。我们租用的是网友们推荐的黄师傅的车。黄师傅技术**过硬**，服务热情；短途接送时，就算临时有事来不了，也会委托朋友**代劳**；**沿途**有好的景点他会**主动**停车让我们拍照；而且是最后送机时才**结算**费用；**信誉**很好，强烈推荐！另外要带好衣服，最好是羽绒服，九寨这个时候有可能下雪。相机是**必备**的，存储卡**容量**越大越好，美景**不计其数**。⑤至于其他事项都可临时决定，实在不放心，酒店和门票也可预订。

下面是具体行程：

第一天，……

词语 1-06

1. 尽兴	jìnxìng	动	*have fun*
2. 体会	tǐhuì	名/动	*experience; realize*
3. 供	gōng	动	*provide*
4. 借鉴	jièjiàn	动	*refer*
5. 撰写	zhuànxiě	动	*compose, write*
6. 相对	xiāngduì	形	*relatively*
7. 集中	jízhōng	形/动	*concentrated; concentrate*
8. 规范	guīfàn	形/名/动	*standardized; standard; standardize*
9. 随心所欲	suí xīn suǒ yù		*you can do as you please*
10. 均	jūn	副	*without exception*
11. 消耗	xiāohào	动/名	*expend; depletion*

12. 依赖	yīlài	动	depend		21. 信誉	xìnyù	名	reputation
13. 精华	jīnghuá	名	essence		22. 必备	bìbèi	动	be necessary
14. 行程	xíngchéng	名	route		23. 容量	róngliàng	名	capacity
15. 事项	shìxiàng	名	matter, item		24. 不计其数	bú jì qí shù		countless
16. 过硬	guòyìng	形	excellent					
17. 代劳	dàiláo	动	do something for somebody		**专有名词**			
18. 沿途	yántú	名	along the way		黄龙	Huánglóng		Huanglong (a scenic valley in Sichuan Province)
19. 主动	zhǔdòng	形	initiative					
20. 结算	jiésuàn	动	settle accounts					

3 语言点

1. 与其……，不如……

表示经过比较后选择一方，舍弃另一方。舍弃的是“与其”后面的内容，选择的是“不如”后面的内容。与其……，不如…… indicates that after a comparison, one option should be chosen, and the other given up. The option to be given up is spoken or written after 与其, while the option to be chosen is spoken or written after 不如.

(1) 你要对自己有信心，与其整天担心失败，不如勇敢地尝试一下。

(2) 再等恐怕来不及了，与其在这里等，不如我们一起去找他。

(3) 这件事不是你一个人能解决的，与其自己苦恼，不如找朋友聊聊。

☞(4) **目前旅游服务已相当规范，自认为与其花钱请导游受限制，不如干脆选择自助游。**

练一练

(1) 我看你病得不轻，________________。

(2) A：我在国内学了两年汉语，可是口语还是不行。

B：________________。

(3) 上班时间路上堵车堵得很厉害，你看前面就是地铁站，________________。

2. 疑问代词A……疑问代词A

在这个格式中，疑问代词代替某个或某些不确定的对象。相同的疑问代词在前后分句中出现两次，代替相同的人、事物、方式、地点、数量等。一般句子的前一部分是条件，后一部分是结果。后一部分经常和“就”搭配使用。注意：有“谁”的句中，前后所指的也可以是不同的人。In the format “*interrogative pronoun* A…… *interrogative pronoun* A”, the *interrogative pronoun* replaces some uncertain object. The same *interrogative pronoun* appears in both clauses and refers to the same object like people, objects, manners, locations, quantities, etc. Usually, the first part of the sentence is the condition, and the second part is the result. The second part is usually matched with 就. Attention: in the sentences containing 谁, the same *interrogative pronoun* 谁 can refer to different persons.

(1) 今天我们要讨论这个计划，谁有想法谁就说。

(2) 我们两个谁也说服不了谁，只好把这个问题先放一放。

(3) 今天是你的生日，你喜欢吃什么妈妈就给你做什么。

(4) 这些书都送给你了，你想看哪本就看哪本，想看多久就看多久。

☞(5) **你想去哪儿就去哪儿，想怎么玩就怎么玩。**

练一练

(1) 太好了，终于考完试了！________________。（什么）

(2) 同学们，今天的作文没有具体的要求，________________。（怎么）

(3) 我对北京不太熟悉，听你的，________________。（哪儿）

3. 难免+（会/要）……/……是难免的（事）

表示某种情况不容易或不太可能避免。难免+（会/要）…… or ……是难免的（事） indicates that some situation is not easy or impossible to avoid.

(1) 刚刚进入社会，你难免会感到不适应。

(2) 复习的时间太短了，有的部分没准备好是难免的。

(3) 一个人出去旅行，难免会遇到各种各样的麻烦。

☞(4) **去九寨沟如选择火车或自驾车体力消耗过大，难免会影响欣赏美景的心情。**

练一练

(1) 随身带上几本好看的书吧，坐这么长时间的火车________________。

(2) 要记住的事情实在是太多了，________________。

(3) 别着急，你刚刚开始工作，________________。

比较 难免/不免

"难免"是形容词，表示虽不希望事情发生但很难避免。而"不免"是副词，表示由于某种原因而自然产生某种结果。As an *adjective* 难免 indicates that although one hopes the situation will not occur, it is hard to avoid. As an *adverb*, 不免 indicates that a result will be naturally produced because of some reasons.

(1) 见到小学同学不免让我想起了很多童年的趣事。

(2) 很晚了，儿子还没有回家，妈妈不免有些担心。

4. 否则

用在后一分句前，前一分句提出某种建议、要求或者估计，后一分句表示如果不能实现会有什么结果或者还有什么其他选择。否则 is used at the start of the second clause of a complex sentence. The first clause will put forward some advice, instructions, or an estimation. The second clause will tell that if the first clause cannot be achieved for some reason, some results would occur or there may still be another choice.

(1) 你要尽早订旅行机票，否则到了旺季票价会很贵。

(2) 运动不要过度，否则会影响身体健康。

(3) 她一定还在生气，否则怎么会不跟你说话呢？

☞(4) **如时间来得及就飞回成都，否则就第四天回成都继续游玩。**

练一练

(1) 一定要在她回国之前向她表白，______________________________。

(2) 我们必须在八点前赶到飞机场，______________________________。

(3) 比赛的时候我太紧张了，______________________________。

5. 至于

介词，后面引出跟前面的话题相关的另一个话题。The *preposition* 至于 is usually followed by a second topic which is related to the previous one.

(1) 你尽自己最大的努力就好，至于比赛的结果现在不要想。

(2) 你的留学申请已经交上去了，至于什么时候出结果还要等通知。

(3) 如果您喜欢这件衣服，就穿上试试，至于价钱，好商量。

☞(4) **出行前最好把租车事项定好，至于其他事项都可临时决定。**

练一练

(1) 你把你自己该做的事情做好，______________________________。

(2) 我刚毕业，只要能有一份工作做就行，______________________________。

(3) A：你知道马克家搬到哪去了吗？

B：听说搬到国外去了，______________________________。

4 读一读

1. 读课文，用给出的词语回答问题。

(1) 作者为什么要写这篇旅游攻略？（尽兴、借鉴、表达）

(2) 作者认为去九寨沟旅游哪种方式更合适？为什么？（集中、规范、随心所欲）

(3) 根据作者的经验，在三天的行程中哪天是重点？为什么？（精华、值得）

(4) 为什么作者推荐游客租黄师傅的车？（技术、服务、信誉）

2. 读课文，根据这位网友的旅行安排，填写表格。

旅行时间	地点	交通	景点	住宿	备注
	成都	——	——	——	准备出发
6月18日		飞机			
	九寨—成都				结算租车费用

5 说一说

小组活动。

(1) 四人一组，参考上面的表格，每人设计一个为期两周的中国旅行计划表，不确定的内容可以先不写，如果有什么注意事项或者问题，请写在“备注”里。

(2) 小组内，每个人分别介绍自己的旅行计划，并跟同学们商量备注中的问题应如何解决。然后选出一个全组都比较满意的旅行计划，请一位同学向全班报告。

要求 尽量用上本课学过的常用表达式。

常用表达式

1 在此分享……，供以后的驴友借鉴。

2 自认为与其……，不如……。

3 想怎么玩就怎么玩，随心所欲。

4 往返均乘……。

5 ……，难免会影响欣赏美景的心情。

6 具体安排如下：……。

7 这里是……的精华，值得用……时间。

8 如时间来得及就……，否则就……。

9 出行前最好……，至于其他事项……。

第3课 旅行归来

1 热身活动

1. 看看这张为期两周的中国旅行路线图，比较一下，跟你们的安排一样吗？

2. 用三个词语描述一下自己旅行归来后的感受。

2 课 文 1-07

两周的旅行归来，我们留下了很多难忘的记忆，快来看看我们拍的照片以及旅行感受吧。

坐了一夜火车，早上8点到达西安时，我们[①]非但没有一丝**疲倦**的感觉，反倒**异常**兴奋。那是我最难忘的时刻，我终于来到了这座中国西北最大的城市，在中国历史上曾有十三个**朝代**在此建**都**，时间**跨越**近千年，让人感觉处处都**充满**了历史感。

最让我难忘的是在西安遇到了一位**朴实**、热情的出租车司机李师傅，他给我们的旅行**增添**了很多意想不到的乐趣，他还带我们去吃了西安的著名小吃——羊肉泡馍。泡馍的吃

法实在是太有趣了，味道更是一绝。可以说这次旅行也是一次美食之旅。

我忘不了九寨沟，那儿的景色**如梦似幻**。“九寨沟”是因为这里的九个藏族**村寨**而**得名**，当地有“九寨归来不看水”的说法，那里**不愧**为人间仙境。

看照片你就知道当时我们有多**狼狈**，山里**温差**很大，我们把能穿的衣服都穿在身上了。②幸亏多带了几件衣服，否则非感冒不可。这张照片给我的印象最深了。

词语

1. 疲倦	píjuàn	形	*tired, weary*
2. 异常	yìcháng	副	*extremely; abnormally*
3. 朝代	cháodài	名	*dynasty*
4. 都	dū	名	*capital*
5. 跨越	kuàyuè	动	*span*
6. 充满	chōngmǎn	动	*fill with*
7. 朴实	pǔshí	形	*plain, honest*
8. 增添	zēngtiān	动	*increase*
9. 如梦似幻	rú mèng sì huàn		*dream-like*
10. 村寨	cūnzhài	名	*village*
11. 得名	démíng		*name after*
12. 不愧	búkuì	副	*deserve to be called*
13. 狼狈	lángbèi	形	*embarrassed*
14. 温差	wēnchā	名	*temperature difference*

专有名词

藏族	Zàngzú		*Tibetan*

1-08

3 语言点

1. 非但没/不……，反倒……

表示没有出现事先想到的结果，却出现了意外的结果。“反倒”也可以用“反而”“还”。非但没/不……，反倒…… indicates that the previously expected result did not occur, while an unexpected result did occur. 反而 or 还 can also be used in place of 反倒.

(1) 大雪过后，游客非但没减少，反倒增加了不少，原来大部分都是专门来看雪景的。

(2) 我批评了他，他非但不生气，反而向我表示感谢。

(3) 一个人在国外生活非但没让我感到寂寞，还让我很快就认识了更多新朋友。

☞(4) **坐了一夜火车，早上8点到达西安时，我们非但没有一丝疲倦的感觉，反倒异常兴奋。**

练一练

(1) 九岁时我第一次做饭，忘了放盐，我端给妈妈吃，______________________________。

(2) 这人真怪，我帮了他不少忙，________________________________。

(3) 不知道为什么，吃了些药，我的感冒________________________________。

2. 幸亏

表示由于出现某种有利的条件，避免了坏结果。后面经常跟“才”“不然”“否则”搭配使用。幸亏 indicates that because of some favorable conditions, a bad result was avoided. It is often followed by 才, 不然 or 否则.

(1) 周末约了朋友去购物，出门时太匆忙忘了带银行卡，幸亏我钱包里有不少现金。

(2) 你的病很危险，幸亏你及时做了手术，不然可能会有生命危险。

(3) 幸亏大卫在比赛最后一分钟踢进了一个球，我们队才没输掉这场比赛。

☞ (4) **山里温差很大，我们把能穿的衣服都穿在身上了。幸亏多带了几件衣服，否则非感冒不可。**

练一练

(1) 在上海旅行时，有一天我走着走着就迷路了，________________________________。

(2) 昨天晚上回到家发现停电了，________________________________。

(3) 我小时候有一次不小心掉进了湖里，________________________________。

4 读一读

读课文，判断正误。

(1) 作者刚到西安的时候尽管很累却很兴奋。 (　　)

(2) 西安是一座古老的城市，也曾是中国很多朝代的首都。 (　　)

(3) 如果没有那位出租汽车司机，作者的旅行不会那么有意思。 (　　)

(4) 他们的这次旅行是为了品尝各地的美食。 (　　)

(5) “九寨归来不看水”的意思是九寨的水太美了，美得超过任何地方的水。 (　　)

(6) 在山里，他们穿了不少衣服还是冻感冒了。 (　　)

5 写一写

双人活动。

分别模仿课文中的四段介绍，给下面四张照片配上解说词。写完后跟同学互相交换所写的句子并朗读。

要求 尽量用上本课学过的常用表达式。

常用表达式

1 那是我最难忘的时刻，……。

2 最让我难忘的是……。

3 我忘不了……。

4 ……给我的印象最深了。

A

B

C

D

6 说一说

小组活动。

四人一组，每人分别找几张以前旅行时拍的照片，给同学们讲讲当时的情景，分享一下自己的旅行感受。

要求 尽量用上刚才练习过的常用表达式。

第2单元

中国美食之旅

任务介绍▶

你了解中国美食吗？你是不是也被中国各地的美食吸引着？中国人的饮食习惯跟你自己国家的饮食习惯一样吗？如果有机会，你是否想学做一道中国菜并亲身体验一下在中餐馆就餐的感受？

在这个单元你要去参加一次美食体验活动。首先请你谈谈中外饮食习惯方面的差异，再与大家分享一下品尝和学做中国菜的感受。最后，邀请你去一家餐馆就餐，并请你对餐馆的各个方面进行描述和评价。

第1课 体验中国美食

1 热身活动

1. 下图中这些美食你都知道吗？请试着把图片序号写在相应的地名下面。

北京	四川	上海	兰州	扬州
______	______	______	______	______

A

B

C

D

E

2. 下图是一次活动的海报，你知道海报中“民以食为天”的意思吗？

2 听和说

1 听一听

中国学生学者联合会最近举办了一次“中国美食体验日”活动。请听主持人对活动内容的介绍以及几位体验者的感受。

1. 听录音，边听边在你听到的词语下面画线，并试着理解课文大意。 2-01

俗话	饮食文化	品尝	美味旅程
美食导游	冠军	精美地道	独具魅力
烹调方法	清淡可口	膳食搭配	行家
餐具	相比之下	大饱口福	主食
地域	大开眼界	分餐制	气氛

2. 听录音，理解下面词语的意思。 2-02

词语

1. 蕴含	yùnhán	动	consist of
2. 无须	wúxū	副	need not
3. 昂贵	ángguì	形	expensive
4. 独具	dújù		unique
5. 烹调	pēngtiáo	动	cook
6. 炒菜	chǎocài		stir-fry
7. 油腻	yóunì	形	oily
8. 不乏	bùfá	动	no lack of
9. 清淡	qīngdàn	形	light
10. 膳食	shànshí	名	diet
11. 均衡	jūnhéng	形	balanced
12. 行家	hángjia	名	expert
13. 费劲儿	fèijìnr	动	with some difficulty
14. 相比之下	xiāngbǐ zhīxià		in contrast
15. 地域	dìyù	名	region
16. 制作	zhìzuò	动	produce
17. 分餐制	fēncānzhì	名	individual dining system
18. 佳肴	jiāyáo	名	delicacies

3. 再听一遍录音，选择正确答案。 2-01

(1) 这次活动的主要目的是让体验者：

A. 免费品尝中国美食

B. 感受中国饮食文化

C. 学做中国菜

D. 了解中餐就餐方式

(2) 体验者对中国菜的看法不包括下面哪项？

A. 炒菜是主要的烹调方法

B. 辣菜比较多

C. 膳食搭配比较合理

D. 少有适合素食者的菜

(3) 中餐的就餐方式有什么特点？

A. 吃完一道菜再吃下一道菜

B. 采用分餐制

C. 用筷子吃饭

D. 围坐在方桌旁

(4) 中餐主食种类很多，下面哪项不属于中餐主食？

A. 鸡蛋汤

B. 汤面

C. 米饭

D. 饼

4. 听第三遍录音，判断正误。 2-01

(1) 这次活动的组织者是中国学生学者联合会。 (　　)

(2) 这次活动会送给参加者一张飞机票去旅行，并提供导游服务。 (　　)

(3) 参加这次体验美食活动后你还可以去中餐馆大吃一顿。 (　　)

(4) 第一个体验者很喜欢中餐，但他认为中餐的味道没法说出来。 (　　)

(5) 如果你是个喜欢素食的人，不太容易在中餐中找到适合自己的菜。 (　　)

(6) 体验者认为筷子的用法不容易掌握，但这样吃中餐才像中国人。 (　　)

2 说一说

1. 双人活动。

你对中国菜及中国人饮食习惯的印象怎么样？请试着用录音中听到的一些常用表达式说说你的看法。

常用表达式

1 味道真是没得说。

2 我感觉在……方面……，中国菜……。

3 色、香、味俱全。

4 有很多菜……，也比较……，但也不乏……。

5 膳食搭配……，营养……。

6 比起……，我……，尽管如此，我还是……。

7 西餐……，相比之下，……。

8 ……令人大饱口福。

9 ……什么的。

10 ……让人大开眼界。

2. 小组活动。

四人一组，一位同学当记者采访其他三位同学，请他们说说自己家乡的饮食习惯，并对比一下，跟中国人的饮食习惯有什么异同。最后由当记者的同学向全班做口头报告。

要求 尽量用上刚才练习过的常用表达式。

第2课 学做一道拿手菜

1 热身活动

1. 你知道中餐常用的烹调方法有哪些？跟西餐的烹调方法有什么差别？

2. 对你来说，做中国菜最大的困难是什么？

2 课 文

2-03

今天的比赛现场，热闹**非凡**，几位参赛者都**跃跃欲试**，冠军是谁？现在还是个谜。

本场比赛有三位选手参赛，将要学做中国名菜——“宫保鸡丁”。负责**演示**的大师傅强调说这道菜虽**略**显复杂，但只要把握好几个细节，就能做得**八九不离十**。首先，鸡肉要拍松，切成小丁，然后用**料酒**、盐、**淀粉上浆**，这样口感会比较**嫩滑**。接下来调汁，糖、醋各两勺，少量酱油、盐、淀粉和水，**切**记比例要适量。鸡丁**过油**时，注意**火候**千万不能过。放入**花椒**、辣椒、鸡丁，然后倒入事先调好的汁。最后再放入花生米，否则就不**脆**了。大师傅边说边做，一道色、香、味俱全的宫

保鸡丁**顷刻间**就**大功告成**了。

大师傅话音刚落，选手们就纷纷开做了，他们的表现真①可谓**五花八门**。

高个子的一号选手说自己非常喜欢吃宫保鸡丁，但始终不知道做法，他觉得今天非常有幸能见识见识，并亲手参与制作。虽然事先知道中国辣椒的辣度高，但他无论如何也没料到居然会那么辣。炒辣椒的时候，把他**呛**得②又是咳嗽又是流眼泪，别提多狼狈了。这次可真是**出洋相**了。

再看二号选手，她的鸡丁切得简直成了“宫保鸡块”。“说起来容易，做起来难！”这句中国俗话一点儿也不假。这道菜看大师傅做起来**轻而易举**，选手自己动起手来才发现③远不是那么回事。二号**感慨**道：“**调料**品种多，用量也并非严格固定，该加什么、加多少量让我有点晕。”

三号选手从头到尾**手忙脚乱**，可能是火候实在太难掌握了，她一不留神就把油烧得过热，鸡丁差点儿给炒**糊**了。谈到比赛感受，她说：“真不容易！我**硬着头皮**④总算完成了。要说色、香、味俱全，那是吹牛，但我做的宫保鸡丁外观看上去还挺像那么回事，至于味道就不好说了。但⑤总体来说，挺有成就感。”

经过观众试吃和大厨**品评**，本场比赛最终一号选手获胜，他“**泪汪汪**”地接过获奖证书，逗得观众们哈哈大笑。

词语

2-04

1. 非凡	fēifán	形	extraordinary	9. 上浆	shàngjiāng	动	to starch
2. 跃跃欲试	yuèyuè yù shì		eager to try	10. 嫩滑	nènhuá	形	smooth and delicate
3. 演示	yǎnshì	动	demonstrate	11. 切	qiē	动	be sure to
4. 略	lüè	副	slightly	12. 过油	guòyóu		quick fry
5. 八九不离十	bā jiǔ bù lí shí		about right	13. 火候	huǒhou	名	duration and degree of heating
6. 丁	dīng	名	small cubes	14. 花椒	huājiāo	名	prickly ash (a kind of Chinese pepper)
7. 料酒	liàojiǔ	名	cooking wine				
8. 淀粉	diànfěn	名	starch				

15. 脆	cuì	形	crispy
16. 顷刻间	qǐngkèjiān		in an instant
17. 大功告成	dà gōng gào chéng		successfully accomplished
18. 五花八门	wǔ huā bā mén		multifarious
19. 呛	qiàng	动	irritate (respiratory organs)
20. 出洋相	chūyángxiàng		make a fool of oneself
21. 轻而易举	qīng ér yì jǔ		a piece of cake
22. 感慨	gǎnkǎi	动	sigh with emotion
23. 调料	tiáoliào	名	seasoning
24. 手忙脚乱	shǒu máng jiǎo luàn		in a flurry
25. 糊	hú	动	(of food) burnt
26. 硬着头皮	yìngzhe tóupí		bite the bullet
27. 品评	pǐnpíng	动	comment
28. 泪汪汪	lèiwāngwāng	形	tearful

专有名词

宫保鸡丁	gōngbǎo jīdīng	Kung Pao chicken

3 语言点

1. 可谓……

意思是可以这么说。可谓…… means *it can be said that…*

(1) 汽车点评网评价这款汽车性能很好，可谓是一款既好开又好用的车。

(2) 很多欧美人觉得中餐跟日餐很像，其实仔细比较，区别可谓不小。

(3) 筷子，可谓是中国的一大发明，既轻巧又灵活，是人们每餐必备的工具。

☞(4) **大师傅话音刚落，选手们就纷纷开做了，他们的表现真可谓五花八门。**

练一练

(1) 面条，做法简单，口味丰富，____________________________。

(2) 这次美食体验让我品尝到了很多特色美食，____________________________。

(3) 作者在游记中向我们介绍了香格里拉的绝美景色，____________________________。

2. 又是……又是……

表示两种状态同时或交替出现，常用来形容情况很繁杂、人很忙碌。又是……又是…… indicates that two conditions occur simultaneously or in turn. It is often used to describe something complicated, or a person who is very busy.

(1) 今年春节回家，妈妈每天又是鱼又是肉，把我吃得胖了一大圈。

(2) 人到中年，又是家里又是公司，老王感觉到身上的担子越来越重了。

(3) 事情发生以后，这家公司又是召回产品又是召开记者会，希望尽量减轻不良影响。

☞(4) **炒辣椒的时候，把他呛得又是咳嗽又是流眼泪，别提多狼狈了。**

练一练

(1) ______________________，我忙得连跟朋友们聚会的时间都没有。

(2) 在婚礼现场，______________________，气氛热闹极了。

(3) 庆功会上，______________________，他不知不觉就喝醉了。

3. 远不是那么回事/远没那么+形容词

表示实际情况跟原来设想的情况差距很大。远不是那么回事 or 远没那么+*adjective* indicates that there is a large disparity between the actual situation and the one envisaged.

(1) 家务事看起来挺容易，做起来远不是那么回事，没有经验的主妇往往手忙脚乱。

(2) 其实，制作一道美味可口的菜远没有那么复杂，只要你多练习几遍就能掌握。

(3) 情况远没那么糟糕，我们还有机会在最后十分钟赢得比赛的胜利。

☞(4) **这道菜看大师傅做起来轻而易举，选手自己动起手来才发现远不是那么回事。**

练一练

(1) A：吃了这种减肥药真的能在不节食的情况下每天瘦一斤吗？

B：______________________。

(2) 广告里说这种化妆品效果明显，可我用了三个月，______________________。

(3) ______________________，我只花了几天时间就学会了。

4. 总算

①表示经过一段时间或不断地努力某种愿望很不容易地实现了，也可用“终于”。总算 indicates that a dream which is not easy to achieve has been realised after a period of time or continuous hard work. 终于 can also be used.

②表示大体上还可以。相当于“算是”。总算 indicates that something is acceptable on the whole. It is equivalent to 算是.

(1) 多雨的季节总算过去了，太阳露出了难得一见的笑脸。①

(2) 我们全家一起打扫了三天，老屋总算能干干净净、舒舒服服地住人了。①

(3) 这本书我修改过多次，虽然还有不完美的地方，但总算对得起读者。②

☞(4) **真不容易！我硬着头皮总算完成了。**①

练一练

(1) 我跟警察解释了半天，______________________。①

(2) 我在医学院读了七年，今年______________________。①

(3) 这项小小的发明尽管还不太理想，______________________。②

比较 总算/终于

“终于”还可以表示预期的坏事情最后发生了。“终于”没有“总算”的第二个意思。终于 can also be used to indicate that an anticipated negative outcome has finally occurred. 终于 does not have the second meaning of 总算.

(1) 上百次的实验都失败了，最后他终于绝望了。

(2) 敌人的火力太猛烈了，一周后小城终于被攻破了。

5. 总体来说

表示概括起来认识或评价事物。总体来说 indicates a summary of the knowledge or evaluation of something.

(1) 虽然两国的关系经历了很多的波折，但总体来说是朝着好的方向发展。

(2) 总体来说，唐代是中国古代社会发展的顶峰，在文化、政治、经济、外交等方面都取得了辉煌的成就。

(3) 总体来说，在这次比赛中，队员们都发挥出了自己的实际水平，比赛结果是令人满意的。

☞(4) **做这道菜的过程很不容易，但总体来说，我挺有成就感。**

练一练

(1) A：你喜欢哪种风味的美食？

B：中餐、西餐都可以，________________________。

(2) 我的家乡山美、水美、人也美，________________________。

(3) A：你觉得自己现在所学的专业有发展吗？

B：________________________。

4 读一读

1. 读课文，判断正误。

(1) 大师傅认为宫保鸡丁这道菜很难做，有八到十个细节需要掌握。（　　）

(2) 大师傅一边说一边做，很快宫保鸡丁就做好了。（　　）

(3) 一号选手原来知道中国辣椒很辣，但没想到会辣得自己流眼泪。（　　）

(4) 刚开始看大师傅演示的时候，二号选手觉得宫保鸡丁不太好做。（　　）

(5) 三号选手最终完成了比赛，但是把鸡丁炒糊了。（　　）

(6) 一号选手获得冠军以后，激动得眼含泪水。（　　）

2. 读课文，用给出的词语回答问题。

(1) 大师傅提醒大家注意的几个细节是什么？（口感、比例、火候、脆）

(2) 让第一位选手感受最深的是什么？（呛、咳嗽、流眼泪、出洋相）

(3) 第二位选手为什么感慨“说起来容易，做起来难啊！”（轻而易举、品种、用量）

(4) 为什么第三位选手认为自己总体来说，挺有成就感？（手忙脚乱、总算、外观、味道）

5 说一说

1. 双人活动。

课文中描述的宫保鸡丁做法你记住了吗？两个人互相提醒，说说这道菜的做法。

小提示

(1) 拍：鸡肉
(2) 切：小丁
(3) 上浆：料酒、盐、淀粉
(4) 调汁：糖、醋、酱油、盐、淀粉、水
(5) 过油：火候
(6) 放：花椒、辣椒
(7) 倒：汁
(8) 放：花生米

2. 小组活动。

下面几幅图来自学做中国菜活动现场，请你模仿课文中对比赛现场的描述，套用给出的常用表达式，对现场情况进行描述。四人一组，假设一位同学是记者，负责描述现场的总体情况，其他三位同学是参赛者，说说各自的体会。

要求 尽量用上本课学过的常用表达式。

A

B

C

D

常用表达式

1 只要……，就能做得八九不离十。
2 他们的表现真可谓……。
3 虽然事先知道……，但无论如何……。
4 又是……又是……，别提多……了。
5 ……真是说起来容易，做起来难。
6 ……远不是那么回事。
7 一不留神就……。
8 我硬着头皮总算……。
9 我做的……外观看上去……。
10 总体来说，……。

第3课　中餐馆就餐记

1　热身活动

1. 看看网友对一家饺子馆的点评，说说选择餐馆就餐时你最看重哪个方面？为什么？

> 口味：2（好）　环境：1（一般）　服务：1（一般）
> 这家饺子还真不错，吃饭的时间人爆满。
> 我点了个猪肉三鲜和香菇鸭肉的饺子，
> 个个都是皮薄馅大，味道也很好。
> 其他的相对就普通了，去那儿还得吃饺子。

2. 你听说过下面哪些有趣的中国菜名？猜猜看它们的得名跟什么有关系？

跟一位清朝的官员有关系	跟一位中国古代文学家有关系	跟一位脸上长麻点的妇女有关系	跟一位中国古代皇帝有关系

2　课　文　2-05

马克是这次“学做中国菜大赛”的冠军，他**饶有**兴趣地记录下了自己在当地一家著名中餐馆的就餐经历。

上周末几位在活动中结识的中国朋友邀请我一起去了一家中餐馆。据朋友们说，想品尝口味正宗、价格**实惠**的中国菜，①非这家餐馆莫属。一路上他们一直在向我**描述**，从餐馆的环境到菜品的口味，从服务到**口碑**，**吊**足了我的**胃口**，我心中对这次就餐充满了期待。

餐馆的**装潢**确实具有**浓郁**的中国传统特色，大门上悬挂着中文招牌“龙凤餐厅”，两边挂着两排大红灯笼，还贴着金字书写的对联。一进门身穿旗袍的服务员就满面笑容地迎上来，热情地说“您好，欢迎！”。餐馆的内部环境优雅**别致**，**古色古香**，墙上挂着中国传统字画，四周隐隐地传来丝丝琴声，令人**赏心悦目**。

这家餐馆主要经营北京风味的菜肴，也**兼**有其他中国各地美食。打开精致的菜单，众多菜名令我**眼花缭乱**。经过朋友推荐，我们点了几道店里的**招牌菜**。没过多久，一道道选料**考究**，制作精细的菜品便端上来了。北京烤鸭**色泽**金黄、肥而不腻，糖醋里脊外**焦**里嫩、酸甜适口，麻婆豆腐汁浓汤亮、麻辣爽滑，还有我学过的宫保鸡丁，我的大爱……。这些菜[2]光看就**足以**让人**垂涎欲滴**，吃起来更觉胃口大开，令人**回味无穷**。

记得一本介绍中餐的书上说中国人请客时总是劝客人多吃点，于是我也试着劝中国朋友“多吃点儿”。“看来今天你想当主人请客啊！”朋友向我**打趣**说。我这才意识到自己又出洋相了。看到我对中餐文化如此**津津乐道**，中国朋友还给我讲述了几道菜品得名的**典故**，我终于知道了“宫保鸡丁”的名字是因何而来。

用餐中，老板娘亲自来询问菜的味道是否合口，还夸奖我筷子用得好。在谈话中得知，这家餐馆已有十几年的历史，厨师也是专门从中国聘来的知名大厨，难怪口味如此正宗。

今天可谓**不虚此行**，既大饱了口福，又长了见识。期待着有一天能去中国继续我的“美食之旅”！

词语

2-06

1. 饶有	ráoyǒu		*with interest*
2. 实惠	shíhuì	形	*affordable*
3. 描述	miáoshù	动	*describe*
4. 口碑	kǒubēi	名	*reputation*
5. 吊胃口	diào wèikǒu		*tantalize*
6. 装潢	zhuānghuáng	名/动	*decoration;decorate*
7. 浓郁	nóngyù	形	*strong*
8. 别致	biézhì	形	*chic*
9. 古色古香	gǔsè gǔxiāng		*ancient style*
10. 赏心悦目	shǎng xīn yuè mù		*a feast for the eyes*
11. 兼	jiān	动	*simultaneously*
12. 眼花缭乱	yǎnhuā liáoluàn		*dazzle*
13. 招牌菜	zhāopáicài		*house specialty*
14. 考究	kǎojiū	形	*exquisite*
15. 色泽	sèzé	名	*colour*
16. 焦	jiāo	形	*crisp*
17. 足以	zúyǐ	动	*sufficient to*
18. 垂涎欲滴	chuíxián yù dī		*make one's mouth watery*
19. 回味无穷	huíwèi wúqióng		*lead a person to endless aftertastes*
20. 打趣	dǎqù	动	*make fun of*
21. 津津乐道	jīnjīnlèdào		*take delight in talking about*
22. 典故	diǎngù	名	*allusion*
23. 不虚此行	bùxū cǐxíng		*worthwhile*

专有名词

北京烤鸭	Běijīng kǎoyā	*Peking roast duck*
糖醋里脊	tángcù lǐji	*sweet and sour pork*
麻婆豆腐	Mápó dòufu	*Mapo tofu*

3 语言点

1. 非……莫属

表示具备某种其他人或事物比不上的有利情况或条件。非……莫属 indicates that the situations or conditions of other people or things will not be as favourable.

(1) 目前他的比赛成绩在世界上排名第一，这次如果不出意外，冠军还是非他莫属。

(2) 这部小说的销量一直在增加，估计今年最受欢迎的作品非它莫属了。

(3) 中国沿海地区经济发展很快，其中最发达的地区非上海莫属。

☞(4) **据朋友们说，想品尝口味正宗、价格实惠的中国菜，非这家餐馆莫属。**

练一练

(1) 有人说世界上最浪漫的城市________________。

(2) 在我们国家众多的节日中我觉得最热闹的________________。

(3) 在公司里没有人能代替张工程师，________________。

2. 光……就……

以某一个侧面或部分为例，强调、突出整体上的性质、特点。光……就…… emphasizes and highlights the overall nature and characteristics based on an aspect or part as an example.

(1) 这桌饭菜非常丰盛，光凉菜就有八道。

(2) 近几年，艺术类考生逐年增加，光电影学院今年的报考人数就达到了两万。

(3) 故宫是世界上最大的皇家宫殿之一，光房间就有九千多间。

☞ (4) **这些菜光看就足以让人垂涎欲滴，吃起来更觉胃口大开，令人回味无穷。**

练一练

(1) 房间里摆满了那位著名时装设计师的作品，________________。

(2) 她是个有能力又有魅力的人，写书、演电影、当主持人，________________。

(3) 这道大菜的制作非常讲究，________________。

4 读一读

1. 快速阅读课文，找到下面几个词语，看看它们都是用来评价餐馆的哪个方面的？

正宗　口味　实惠　古色古香　价格　赏心悦目　垂涎欲滴　环境　回味无穷

2. 读课文，判断正误。

(1) 在当地想吃地道又不贵的中国菜，有几家餐馆可供选择。（　）

(2) 朋友向马克介绍了餐厅各个方面的情况，让马克胃口大开。（　）

(3) 餐厅的环境既现代又古典，令人赏心悦目。（　）

(4) 如果没有朋友的介绍，马克不知道这家餐馆哪些菜做得比较好。（　）

(5) 劝朋友们“多吃点儿”一般是要请客的人才会说的话。（　）

(6) 马克认为这次就餐经历非常值得。（　）

5 写一写

根据马克的描述，请你在“美食点评网”做点评。你愿意给这家餐厅几颗星，写出评价并说明理由。写完后跟同学交流一下。

要求 尽量用上本课学过的常用表达式。

常用表达式

1 ……非……莫属。

2 ……吊足了我的胃口。

3 具有浓郁的……特色。

4 餐馆的内部环境……，……令人赏心悦目。

5 主要经营……，兼有……。

6 光看就足以让人……，吃起来更觉……。

7 看到我对……如此津津乐道，……。

8 这家餐馆已有……年的历史。

9 ……，难怪口味如此……。

10 ……可谓不虚此行，既……，又……。

	评价	理由
环境	☆☆☆☆☆☆	
口味	☆☆☆☆☆☆	
服务	☆☆☆☆☆☆	
价格	☆☆☆☆☆☆	
总体评价	☆☆☆☆☆☆	

（★★★★★为最好，★为最差）

6 说一说

你可能也曾有过印象深刻的用餐经历，你还记得当时用餐的情景和感受吗？请你模仿课文，介绍一下这家餐馆的环境、服务、特色菜品和口味。

要求 尽量用上刚才练习过的常用表达式。

第3单元

我爱看电影

任务介绍▶

电影诞生一百多年来从未离开过我们的生活，即使是在今天这样一个娱乐方式极其丰富的时代，仍然会有很多人选择看电影来度过自己的业余时间。你也喜欢看电影吗？闲暇时你会定期去电影院观看自己喜欢的电影吗？电影对你的生活产生过哪些影响？你选择电影的标准又是什么呢？

在这个单元请你先对观影方式做出选择，并说明理由，然后跟大家分享一下电影曾经带给你和你周围人的美好回忆，最后谈论一下你观影的标准。

第1课 大饱眼福

1 热身活动

1. 小调查。

你喜欢去电影院看电影吗？	喜欢 □	一般 □	不喜欢 □
你多久没去电影院看电影了？	三个月 □	半年以上 □	一年以上 □
你觉得电影票贵吗？	贵 □	还行 □	不贵 □
你会一个人去电影院看电影吗？	常常 □	偶尔 □	从不 □

2. 根据上面的小调查，简单说说你会选择去电影院看电影吗？为什么？

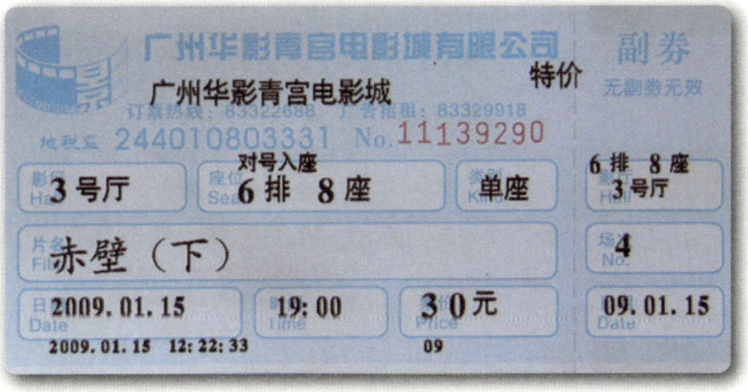

2 听和说

1 听一听

玛丽是个电影迷，跟朋友们闲聊时，总会提起电影，今天她们聊起了各自习惯的观影方式，让我们听听她的几位中国朋友是怎么说的。

1. 听录音，边听边在你听到的词语下面画线，并试着理解课文大意。 3-01

超级影迷	电影频道	网络时代	下载
一举三得	相提并论	高科技	画面质感
音效	高保真	承受能力	火爆
铩羽而归	优惠时段	情侣	

2. 听录音，理解下面词语的意思。 3-02

词语

1. 影迷	yǐngmí	名	*film fanatic*
2. 频道	píndào	名	*channel*
3. 在线	zàixiàn	动	*online*
4. 下载	xiàzài	动	*download*
5. 以此	yǐcǐ		*for this reason*
6. 相提并论	xiāngtí bìnglùn		*be compared*
7. 恢宏	huīhóng	形	*magnificent*
8. 高科技	gāokējì	名	*high tech*
9. 质感	zhìgǎn	名	*texture*
10. 音效	yīnxiào	名	*sound effect*
11. 振荡	zhèndàng	动	*vibrate*
12. 配乐	pèiyuè	动	*accompany a drama with background music*
13. 保真	bǎozhēn	动	*fidelity*
14. 折扣	zhékòu	名	*discount*
15. 投入	tóurù	名/动	*input*
16. 火爆	huǒbào	形	*popular*
17. 铩羽而归	shāyǔ érguī		*come back crestfallen*
18. 团购	tuángòu		*group purchase*
19. 情侣	qínglǚ	名	*couple*

专有名词

3D	*three-dimentional*

3. 再听一遍录音，选择正确答案。 3-01

(1) 第一个人不常在哪儿看电影？

A. 电视上

B. 电影院里

C. 电脑上

D. 手机上

(2) 第二个人认为在电影院看电影的好处是什么？

A. 能感受高保真的视听效果

B. 能看大片，高科技影片，3D电影

C. 能看到那些讲究拍摄艺术的电影

D. 能在黑暗中看电影

(3) 在什么情况下第三个人可能会选择去电影院看电影？

A. 毕业找到工作以后

B. 能买到打折的电影票

C. 电影院的条件更好了

D. 看电影的人不多

(4) “不过话又说回来”在句中是什么意思？

A. 表示并列，重复说明前面的意思

B. 表示转折，补充说明另一个意思

C. 表示否定，不同意前面的意思

D. 表示赞同，强调说明前面的意思

4. 听第三遍录音，判断正误。 3-01

(1) 第一个人认为用手机看电影有三个好处。 ( )

(2) 第一个人随时随地看电影，是因为“他”太喜欢看电影了。 ( )

(3) 第二个人认为在电影院看电影与通过电视、电脑看电影不能做比较。 ( )

(4) 第二个人觉得家里的音响效果比不上电影院的。 ( )

(5) 电影院的整体氛围对欣赏电影的感受很重要。 ( )

(6) 大片和新片上映时，如果不预订，通常也能很容易地买到电影票。 ( )

2 说一说

1. 双人活动。

看电影的方式各有利弊。根据表格口头讨论，分别说说看电影的各种方式有哪些好处与缺点。你一般会选择哪种方式？

要求 尽量用上本课学过的常用表达式。

	利	弊
在电脑上看电影		
在电视上看电影		
在手机上看电影		
在电影院看电影		

常用表达式

1 ……，何况都……时代了，我想大家更乐意……。

2 ……看，……看，随你。

3 ……，一举……得啊。

4 毫无疑问，当然得……啊。

5 什么……，完全不能和……相提并论。

6 就说……吧，……。

7 ……差远了，根本出不来那种效果。

8 ……会大打折扣。

9 ……又岂是……所能代替的？

10 不过话又说回来，……，所以……。

2. 小组活动。

四人一组。你们几个朋友小聚，想去看电影，四个人有两种意见：一种是去电影院看新上映的大片；一种是不去电影院，选择喜欢的DVD在家看。请你们讨论并确定一种看电影的方式。

要求 尽量用上刚才练习过的常用表达式。

第2课 光影声色的回忆

1 热身活动

1. 看看下面这些图片，你知道他们在哪儿？他们在做什么吗？你有过这样的经历吗？

2. 你还能说出小时候看过的某部电影的名字吗？还记得它的内容吗？说出来看看同学们有没有共同的记忆？

2 课 文 3-03

一个周六的晚上，玛丽在电影院休息区等待电影**开场**，与同是电影迷的王先生夫妇交谈起来。让我们与王先生一起分享一下他几十年的电影记忆吧。

①别看现年52岁的王先生不经常来电影院，他年轻时可是十足的电影迷。他说："当时电影少，看电影可是件大事，谁要是一说看电影就②兴奋得什么似的。很多人甚至连夜排队，一票难求那是常事。"王先生还介绍说，电影在那时的中国是一项十分受欢迎却也十分**稀缺**的娱乐资源，尤其在农村，要是听说附近的哪个村放映电影，许多人宁可走上十几里路也要赶去。**倘若**观众太多，人们就会爬到房顶、树上去看。如今，放眼中国电影市场，一片**欣欣向荣**的景象，除了传统的**古装片**和武打片，喜剧片、**科幻**

片、**悬疑片**以及动画片等也都**占据**了**一席之地**。此外，高科技电影的出现为观众提供了更多**身临其境**的观影感受。“现在的电影太多了，我们俩都挑花了眼。”王先生感叹道。

人们常说，一首老歌就能**唤起**一代人的回忆，老歌③尚且如此，更何况**融合**听觉、视觉艺术为**一体**的电影呢？直到现在，王先生这个年纪的人们还会用年轻时看到的电影角色互相打趣，彼此**会心**一笑，仿佛是在说一种只有那个年纪的人才能听得懂的**暗语**。王先生说：“如果一个人能随口说出当年哪部**红极一时**的老电影中的角色，**哼唱**里面的**主题曲**，我就会觉得至少和他曾有过一部分共同的经历，④从而想起自己年轻时那些珍贵而美好的时光。”不仅中年人，80后、90后，甚至00后也有这种感觉。岁月流转，电影就好比一部时光机，总能将每一个年代**定格**在特定的**胶片**中，**历久弥新**。

无论年轻时还是年老时，网络中还是现实里，电影总是人们闲暇时**热议**的话题，也是人们生活中不能缺少的**调味品**。它就是有这么大的魅力，能让**银幕**前的亿万观众暂时**抛却**烦恼，放松身心，跟随**主人公**一起哭、一起笑，一起感受想象中的世界。

词语

3-04

1. 开场	kāichǎng	动	*opening*
2. 稀缺	xīquē	形	*scarce*
3. 倘若	tǎngruò	连	*in the event that*
4. 欣欣向荣	xīnxīn xiàng róng	名	*thriving*
5. 古装片	gǔzhuāng piàn	名	*costume film*
6. 科幻片	kēhuàn piàn	名	*science-fiction film*
7. 悬疑片	xuányí piàn	名	*crux film*
8. 占据	zhànjù	动	*occupy*
9. 一席之地	yì xí zhī dì		*niche*
10. 身临其境	shēn lín qí jìng		*immersive*
11. 唤起	huànqǐ	动	*arouse*
12. 融合	rónghé	动	*fuse*
13. 一体	yìtǐ	名	*integrated*
14. 会心	huìxīn	动	*knowing*
15. 暗语	ànyǔ	名	*code word*
16. 红极一时	hóng jí yìshí		*smash hit*

17. 哼唱	hēngchàng	动	humming	22. 热议	rèyì		hot topic
18. 主题曲	zhǔtíqǔ	名	theme tune	23. 调味品	tiáowèipǐn	名	seasoning
19. 定格	dìnggé	动	freeze frame	24. 银幕	yínmù	名	silver screen
20. 胶片	jiāopiàn	名	film	25. 抛却	pāoquè	动	forget
21. 历久弥新	lìjiǔ míxīn		appear new, even after a long time	26. 主人公	zhǔréngōng	名	hero, heroine

3 语言点

1. 别看……，……

表示让步关系。别看……，…… is an expression of concession.

(1) 别看他不说，其实心里早就做好了万全的准备。

(2) 别看现在这里没有水，但一到雨季湖里水量十分充足。

(3) 别看他表面上一副无所谓的样子，心里可是很不痛快。

☞(4) **别看现年52岁的王先生不经常来电影院，他年轻时可是十足的电影迷。**

练一练

(1) ________________，从前我可是一句汉语也不会说。

(2) 别看他没上过大学，________________________。

(3) ________________，每遇到大事他往往表现得很沉着。

2. 形容词/动词+得什么似的

表示达到很高的、无法形容的程度。前面的形容词、动词一般都是表示心理情感方面的词语。*Adjective/verb* + 得什么似的 is used to express that an indescribably high degree has been reached. The preceding adjective or verb usually indicates a psychological feeling.

(1) 那年家里终于有了一台电脑，女儿乐得什么似的，仿佛我们获得了一件宝物。

(2) 听到妈妈手术成功的消息，她激动得什么似的，一夜也没睡着。

(3) 看姐姐买了一件新衣服，妹妹羡慕得什么似的，吵着让妈妈也给她买一件。

☞(4) **当时电影少，看电影可是件大事，谁要是一说看电影就兴奋得什么似的。**

练一练

(1) 明明放学后没回家，几个好朋友也都说在学校门口分手后就没再见到他，这让明明的爸爸妈妈________________________。

(2) 收到男朋友从国内寄来的生日礼物，玛丽______________________________。

(3) 一提起当初选错专业的事他就______________________________。

3. 尚且……，更何况……？

说话人对某件事已经有了一个明确的结论，“尚且”提出一个能够证明这个结论的明显事例，“更何况”后面用反问句提出程度更深、更明显的事例形成对比，进一步强调结论的必然性。In the expression, 尚且……，更何况……? the speaker already has a clear conclusion about something. 尚且 is followed by an obvious example which can prove this conclusion, and 更何况 is followed by a rhetorical question which gives a deeper, more obvious example of contrast, further emphasizing the inevitability of the conclusion.

(1) 山区人力物力都不充足，修一条路尚且困难，更何况盖一座大酒店？

(2) 这次感冒病毒很厉害，年轻人尚且抗不住，更何况身体虚弱的老人？

(3) 经济危机给企业带来很大冲击，大公司尚且难保，更何况一些中小企业？

☞(4) **人们常说，一首老歌就能唤起一代人的回忆，老歌尚且如此，更何况融合听觉、视觉艺术为一体的电影呢？**

练一练

(1) A：昨天我儿子对我说“保护环境人人有责”，没想到他那么小就懂得这个道理。

B：是啊，孩子______________________，______________________？

(2) A：要想成功没有不付出努力的，你看那些大科学家们个个都勤奋好学。

B：______________________，______________________？我们也加油吧。

(3) A：听说那家餐馆的生意一百多年来一直很火，当年皇帝也去吃过好几次呢。

B：是啊，皇帝______________________，______________________？你看看这顾客多得都排着队呢。

4. 从而

连词，用于后一分句，表示结果、目的或进一步行动，相当于“因此就”。The *conjunction* 从而, used in the second clause, indicates a result, objective or further action. It is equivalent to 因此就.

(1) 经过三个月认真地调查研究，从而找到了解决问题的办法。

(2) 新技术使草莓的收获季节提前或者延迟，从而使人们一年四季都能吃到草莓。

(3) 张老师的幽默教学大大感染了学生，从而激起了学生们学习这门课的兴趣。

☞(4) **如果一个人能随口说出当年哪部红极一时的老电影中的角色，哼唱里面的主题曲，我就会觉得至少和他曾有过一部分共同的经历，从而想起自己年轻时那些珍贵而美好的时光。**

练一练

(1) 科学家花了十年时间研制出了一种新药，______________________。

(2) 在比赛的最后时刻A队犯了一个大错，______________________。

(3) 通过不断地跟学生交流讨论，______________________。

比较 从而/进而

“从而”强调与上文的因果关系或条件关系；“进而”只强调进一步的行动。从而 emphasizes the causal or conditional relationship with the preceding clause; 进而 only emphasizes the further action.

(1) 我打算用三年时间先学好第一外语，进而再学好第二外语。

(2) 通过广泛地宣传把观众吸引进电影院，进而把他们留下来。

4 读一读

1. 读课文，判断正误。

(1) 在王先生年轻的时代，即使要走很远的路，人们也希望能看上一场电影。（ ）

(2) 比起以前，当今中国电影市场上，影片数量更丰富、类型更多样。（ ）

(3) 王先生夫妇看电影看得太多了，连眼睛都不舒服了。（ ）

(4) 一首老歌比一部电影更能唤起一代人的记忆。（ ）

(5) 说出老电影中某个有名的角色，唱出电影中的歌曲能让王先生回想起自己的年轻时代。（ ）

(6) 电影能帮助人们解决生活中的难题，让人们不再烦恼。（ ）

2. 读课文，用给出的词语回答问题。

(1) 王先生年轻的时候，人们为什么那么喜欢看电影？（大事、兴奋、连夜、稀缺）

(2) 现在王先生夫妇在电影院为什么会有不知道该挑选哪部电影的情况？（传统、高科技、身临其境）

(3) 为什么说一部电影能唤起一代人的回忆？（打趣、暗语、经历、时光）

(4) 为什么说电影有大魅力？（亿万、抛却、放松、想象）

5 说一说

1. 双人活动。

过去几十年，中国电影业的发展变化很快，直接影响到人们的业余生活，请根据课文内容，两个人互相提醒，说说电影给中国人的生活带来了哪些影响。

要求 尽量用上本课学过的常用表达式。

常用表达式

1 别看……，……。

2 一说……就兴奋得什么似的。

3 ……，……宁可……也要……。

4 ……占据了一席之地。

5 ……给观众……的观影感受。

6 ……，挑花了眼。

7 ……尚且如此，更何况……呢？

8 直到现在，……。

9 随口说出……，哼唱里面的……。

10 ……就是有这么大的魅力，……。

2. 小组活动。

四人一组，请对你的同伴讲讲那些有关电影的深刻记忆。这份记忆可以是你自己经历过的，也可以是你所知道的别人的经历。

要求 尽量用上刚才练习过的常用表达式。

非……不可

第3课 电影心情

1 热身活动

1. 说说最近你看了哪部比较不错的电影？这部电影的哪个方面吸引了你？

2. 一起来了解一下“北京大学生电影节”。

“北京大学生电影节”始于1993年，在每年4、5月间举办。电影节以“大学生办、大学生看、大学生评”为特色，以此推动中国电影的发展。电影节的参赛影片几乎包括所有最新、最优秀的国产影片，学生评委来自全国各大高校，参与人数居国内电影节之最。“大学生电影节”还是中国青年导演展示自己的舞台，“最佳处女作奖”和“艺术创新特别奖”的设立传达出大学生们对新电影力量的期待和鼓励。电影节在北京20余所著名大学放映参赛影片，每届观影人次达20余万。

2 课文 3-05

我是个电影迷，看电影可以说是我最大的爱好。之所以**酷爱**看电影，是因为在我看来电影是一门融合了文学、绘画、摄影、音乐等多种艺术门类的综合艺术。人们在享受视觉**盛宴**的同时，也感受着心灵的**震撼**。经常有人问我“什么样的电影好？”我想个人喜好不同，答案也**不尽**相同，所谓“萝卜白菜各有所爱”。我对电影的欣赏口味比较杂，不是绝对的[1]非哪种类型、哪种风格不看，非新片、大片不看，其实有时候老片反而更加**经典**，让人百看不厌。

②就内容而言，我往往会因某部电影讲述了一个动人的故事而爱上它，会被电影中的情节深深打动，即使在众人面前，也会禁不住眼圈发红、流下泪水。正如有人所说，“一部电影就好比一段人生。”好的故事**不单**是给我们展示生活的表层，更是让我们从中体味**人性**的深刻与人生的深度。就风格而言，现实严肃③也好，幽默**搞笑**也罢，只要能在喜怒哀乐背后有所**感悟**，我就会为之**倾倒**。当然，作为女生的我，难免会对**温馨**浪漫的爱情片有所偏爱。此外就是电影的艺术手段，**美轮美奂**的画面、穿透心灵的音乐都会令我为之**心醉**。

跟大多数年轻人一样，我也是个“**追星族**”，有时候我会因某部电影中有我崇拜的偶像而去观看这部电影，哪怕他（她）在该片中的演技**平平**。

来中国学习汉语后，我有了更多的机会接触和了解中国电影，每每听说有值得一看的电影，我就心里**痒痒**，要么通过网络，要么去电影院，总是争取第一时间看到它。我喜欢表现中国传统历史、文化的电影，更爱看表现当代中国普通人真实生活的电影。当然，一段时间下来，我也成了众多中国影星的“**粉丝**”，每次跟朋友谈起中国电影时，我也会**眉飞色舞**地评论一番。

今年的北京大学生电影节又要拉开**帷幕**了，我这个留学生电影迷早已做好准备，要为我爱的电影投上一票。

词语

3-06

1. 酷爱	kù'ài	动	*be very fond of*
2. 盛宴	shèngyàn	名	*banquet*
3. 震撼	zhènhàn	动	*shock*
4. 不尽	bújìn		*not always*
5. 经典	jīngdiǎn	形/名	*classical; classic*
6. 不单	bùdān	副/连	*not only*
7. 人性	rénxìng	名	*humanity*
8. 搞笑	gǎoxiào	动	*amuse*
9. 感悟	gǎnwù	动	*sensitize*
10. 倾倒	qīngdǎo	动	*be obsessed with*
11. 温馨	wēnxīn	形	*warm*
12. 美轮美奂	měi lún měi huàn		*magnificent*
13. 心醉	xīnzuì	动	*be enchanted*
14. 追星族	zhuīxīngzú		*star fan*
15. 平平	píngpíng	形	*average*
16. 痒痒	yǎngyang	形	*itching*

17. 粉丝	fěnsī	名	*fans*
18. 眉飞色舞	méi fēi sè wǔ		*enraptured*
19. 帷幕	wéimù	名	*curtain*

专有名词

北京大学生电影节 Běijīng Dàxuéshēng Diànyǐngjié *Beijing College Student Film Festival*

3 语言点

1. 非……不……

双重否定表示肯定，语气更强。The double negative 非……不…… expresses certainty and adds strength to it.

(1) 这个地方非常危险，连经验丰富的旅行者也说非本地人带路不敢进入。

(2) 有些年轻人大学刚毕业，收入不多，可消费上却非名牌不买。

(3) 女的坚持"非你不嫁"，男的也说"非你不娶"，两个人爱得难舍难分。

☞(4) **我对电影的欣赏口味比较杂，不是绝对的非哪种类型、哪种风格不看，非新片、大片不看。**

练一练

(1) 我对电影有独特的偏爱，________________。

(2) 奶奶的生活习惯几十年都没有变过，________________。

(3) 他的口味很独特，________________。

2. 就……而言，……

表示从某一方面来谈论某件事。就……而言，…… indicates the discussion of a subject from a certain aspect.

(1) 这四个年轻人都不错，不过就能力而言，小张似乎更强一些。

(2) A队的实力一直很强，就今天的表现而言，已经具备成为冠军队的条件。

(3) 这家店的服装很时尚，但就我们老年人而言，更喜欢比较传统的风格。

☞(4) **就内容而言，我往往会因某部电影讲述了一个动人的故事而爱上它。**

练一练

(1) 这部作品很受观众的欢迎，________________。

(2) 大家都对这个计划发表了肯定的看法，________________。

(3) 虽然你的能力完全没有问题，________________。

3. ……也好，……也罢，……

表示在任何条件下结果都不变。相当于"不管……还是……"。……也好，……也罢，…… indicates that under any conditions, the result will remain the same. It is equivalent to 不管……还是…….

(1) 生活就是这样，痛苦也好，甜蜜也罢，酸甜苦辣都得尝一遍。

(2) 建体育场也好，盖图书馆也罢，都是需要资金的，我们去哪里搞那么多钱？

(3) 批评也好，赞扬也罢，这证明大家还在关注这件事。

☞(4) **现实严肃也好，幽默搞笑也罢，只要能在喜怒哀乐背后有所感悟，我就会为之倾倒。**

练一练

(1) A：最近的天气不太好，等过几天再走了。

B：____________________，反正我是一天也不想在这个地方待下去了。

(2) A：你想吃米饭还是面条？

B：____________________，你做什么我都爱吃。

(3) ____________________，我会永远爱你的。

4 读一读

1. 快速阅读课文，在课文中找到左列的几个词语，看看它们是用来形容作者对电影的哪方面感受？然后连线。

综合艺术	每个人对电影的感受
萝卜白菜各有所爱	总体评价电影
百看不厌	电影的内容
眼圈发红	老电影
幽默搞笑	电影的艺术手段
美轮美奂	电影的风格
演技平平	谈论中国电影
眉飞色舞	电影明星

2. 读课文，选择正确答案。

(1) 王先生喜欢看电影的原因不包括下列哪项？

A. 电影是艺术综合体

B. 电影是视觉享受

C. 电影带来心灵感悟

D. 电影能消磨时间

(2) 下列哪项是王先生在文中提到的看电影方式？

A. 电视

B. 电影院

C. DVD

D. 课堂

(3) 王先生喜欢的电影元素中，不包括下列哪项？

A. 画面

B. 音乐

C. 导演

D. 内容

(4) 来中国以后，“我”比较喜欢看哪一类电影？

A. 幽默搞笑的电影

B. 中国功夫电影

C. 普通人真实生活的电影

D. 温馨的爱情电影

5 写一写

对于“什么样的电影好看”这个问题，你会怎么回答？你可以从内容、风格、艺术手段、演员、导演、技术手段等方面写写你喜欢什么样的电影。模仿课文，可以写几个句子，也可以写一小段话。写完后跟同学互相交换所写的句子并朗读。

要求 尽量用上本课学过的常用表达式。

常用表达式

1. 之所以……，是因为在我看来……。
2. ……，所谓“萝卜白菜各有所爱”。
3. 非……不看。
4. 就……而言，……。
5. ……不单……，更是……。
6. ……也好，……也罢，只要……，我就会……。
7. 难免对……有所偏爱。
8. ……令我为之心醉。
9. 跟大多数年轻人一样，我也……。
10. 每每听说……，我就心里痒痒，……。

6 说一说

小组活动。

四人一组，商量并确定一部你们认为最值得一看的电影，分别说明理由，最后请一位同学代表本组，将这部电影推荐给全班。

要求 尽量用上刚才练习过的常用表达式。

第4单元

我的健康我做主

任务介绍▶

在日常生活中你关注养生保健吗？你知道普通的中国人一般怎么养生吗？你对中国人的养生方法感兴趣吗？如果请你尝试一下中医养生的方法，你觉得怎么样？作为一个现代人，怎么样才能让自己健康长寿？

在这个单元，先请你了解一下普通中国人的养生之道，再谈谈你自己对养生的认识。然后，请你参加中医养生沙龙，与大家分享你对某种养生方式的感受。最后，请你做一份健康报告，并设计一个比较满意的养生攻略。

第1课 我的养生之道

1 热身活动

1. 下图中这些在中国比较流行的养生保健方法你都听说过吗？请试着将图片序号写在相应的保健方法名称后面。

针灸______ 足疗______ 按摩______ 拔罐儿______ 打太极拳______

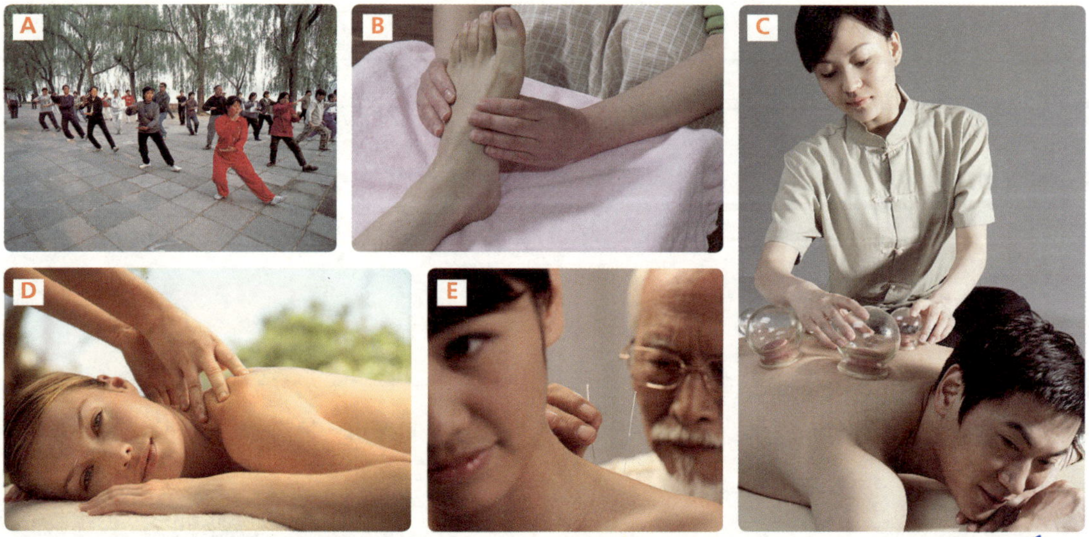

2. 如果请你尝试一下，你愿意选择上题中的哪种养生保健方法？为什么？

2 听和说

1 听一听

刘阿姨家是一个普通的中国家庭，让我们听听刘阿姨、儿子、儿媳妇怎么看待养生，每个人分别采用了哪些养生方式。

1. 听录音，边听边在你听到的词语下面画线，并试着理解课文大意。4-01

马虎不得	保养	抱孙子	毽子
烦闷	病秧子	隔三差五	窍门
零碎时间	暴饮暴食	损伤	养生栏目
食补	足疗		

2. 听录音，理解下面词语的意思。4-02

词语

1.	保养	bǎoyǎng	动	*take good care of one's health*
2.	自打	zìdǎ	介	*ever since*
3.	毽子	jiànzi	名	*shuttlecock*
4.	统一	tǒngyī	形/动	*unify; unified*
5.	口令	kǒulìng	名	*command*
6.	舒畅	shūchàng	形	*happy*
7.	病秧子	bìngyāngzi	名	*someone who often has health problems*
8.	隔三差五	gé sān chà wǔ		*proceeding by irregular steps*
9.	窍门	qiàomén	名	*knack; trick*
10.	零碎	língsuì	形/名	*fragment*
11.	一旦	yídàn	副	*once*
12.	切勿	qièwù		*do not*
13.	暴饮暴食	bàoyǐn bàoshí		*overdrink and overeat*
14.	长此以往	cháng cǐ yǐ wǎng		*in the long run*
15.	莫大	mòdà	形	*great*
16.	损伤	sǔnshāng	动	*harm*
17.	随处	suíchù	副	*everywhere*
18.	煲	bāo	动	*cook in deep pots*
19.	足疗	zúliáo		*foot massage*

3. 再听一遍录音，选择正确答案。 4-01

(1) 刘阿姨谈到的跟大家一起运动的好处中不包括下面哪项？
A. 不枯燥
B. 有利于坚持运动
C. 省钱
D. 身心舒畅

(2) 本文中的“病秧子”是什么意思？
A. 身体残疾的人
B. 不健康的小孩
C. 得了重病的人
D. 经常生病的人

(3) 哪个是儿子提到的保健小窍门？
A. 周末做运动
B. 睡眠规律
C. 按摩面部
D. 骑车上班

(4) 儿子认为有些生活习惯对身体没好处，下面哪一项他没提到？
A. 长时间不活动
B. 吃垃圾食品
C. 外出时总是开车
D. 突然多吃多喝

(5) 下列哪项不是儿媳妇在养生方面的做法？
A. 学习养生知识
B. 做有保健功效的粥、汤
C. 做保健按摩、足疗
D. 吃有保健功效的药物

4. 听第三遍录音，判断正误。 4-01

(1) 刘阿姨夫妇的小孙子明年出生，为了照顾孙子他们老两口努力保养身体。 (　　)
(2) 刘阿姨以前经常生病，坚持锻炼以后身体和精神都比以前好多了。 (　　)
(3) “身体是革命的本钱”意思是有健康的身体才能做更多的事情。 (　　)
(4) 空闲的时候，儿子会去做做按摩来保养身体。 (　　)
(5) 不良的生活习惯在短时间内就会影响身体健康。 (　　)
(6) 儿媳妇获取养生知识的方式非常多，如看电视、上网和阅读。 (　　)

2 说一说

1. 小组活动。

三人一组，轮流扮演刘阿姨、儿子和儿媳妇，劝说身边的老年人和年轻人要重视养生，并向其他人介绍自己的养生经验。

要求 尽量用上本课学过的常用表达式。

常用表达式

1 远的不说，……。

2 ……不行哪成啊？

3 ……，整个身心都觉得舒畅了。

4 你看我现在……，以前我……。

5 平时……，忙得喘不过气来，哪有那么多时间去……。

6 一旦……，我就会……。

7 我的经验之谈啊，切勿……。

8 ……，但长此以往，……。

9 ……对日常保养大有好处。

2. 小组活动。

请你先试做一下下面的小调查。

你同意这些看法或做法吗?	同意	不同意
1. 年轻人应该注意养生。		
2. 早上起来应该去外面锻炼身体。		
3. 自己按摩脸、耳、手等部位。		
4. 如果能走路就不坐车。		
5. 随着季节变化调整饮食。		
6. 养生是老年人的事。		
7. 晚睡晚起对身体好。		
8. 暴饮暴食没什么坏处。		
9. 久坐不起很舒服。		

四人一组，根据小调查的结果，说说你认为养生重要吗？为什么？在生活中，你是否也像刘阿姨一家一样积极进行养生保健？你是怎么做的？

要求 尽量用上刚才练习过的常用表达式。

第2课 我的中医养生缘

1 热身活动

1. 猜猜一般的中国人在什么情况下会吃下列各种食物？

(1) 天气寒冷，冻感冒了。

A 菊花茶

(2) 天气干燥，嗓子有点儿不舒服。

B 姜汤

(3) 每天早饭常常喝。

C 梨

(4) 眼睛干干的不太舒服。

D 豆浆

2. 下面几句关于养生的俗语是什么意思？你觉得有道理吗？

(1) 早睡早起身体好。

(2) 饥不暴食，渴不狂饮。

(3) 大蒜是个宝，常吃身体好。

(4) 笑一笑，十年少；愁一愁，白了头。

(5) 早吃饱，午吃好，晚吃少。

2 课 文 4-03

谈起我与中医养生的**结缘**，不能不提起一次到中医**就诊**的经历。有段时间我周身不适，还**时不时**拉肚子。我想①既然是在中国，何不去试试中医？经朋友介绍来到一家中医院，一位老中医给我开了药方，还给我提了些建议，可惜的是，许多②诸如“**胃寒**”、“**上火**”之类的中医词汇，听得我**云里雾里**的。“大冬天的，不适合吃太多凉东西。”就这句我听懂了，想起冰箱里还存着不少冰牛奶和冰淇淋呢，我脑袋里不禁画了个问号。老中医还推荐我去试试**拔罐**、**针灸**，我③抱着试试看的心理做了几次，做完了还真觉得浑身舒畅了许多。当我带着疑问，跟中国朋友说起此事，他们个个都**频频**点头。这次**前所未有**的就医经历让我对中医养生产生了强烈的好奇心。

于是，一有机会我就向人咨询养生方法，还看养生节目，参加养生**沙龙**。期间，我深感中医的奇妙，别的不说，就说针灸疗法吧，一根小小的银针，居然有那么神奇的**效力**。我还爱上了太极拳，打太极拳让我在舒适缓慢的节奏中获得心灵的宁静和身体的健康。做按摩是我的另一大爱，通过按压**穴位**，**疏通经络**达到放松**肌肉**、**释放**压力的目的，简直是一种享受。“食补”，④即饮食养生，更是令我着迷。在不同的身体状况、季节条件下皆有不同的饮食讲究，现在我也懂得在天气燥热时泡上一杯绿茶，慢慢**品味**，**顿**感**神清气爽**，平时我更会注意饮食清淡、有**节制**，尽量减少高热量、高**脂肪**食品的**摄入**。按我的理解，中医养生的很多做法都是**顺应**自然规律的，只要长期坚持，一定会有收获。

在体验养生之道的同时，不少养生俗语也让我**受益匪浅**，比如“冬吃萝卜夏吃姜，不用大夫开药方”，说的就是白萝卜和姜对消化功能的益处。

其实，原来我就十分**崇尚**自然健康的养生方式，这也很符合中医养生的基本理念，尤其值得一提的是，中医养生讲究因人、因地、因时**制宜**，就是说选对适合自己的养生方式才是最重要的，这点我很赞同。

词语

1. 结缘	jiéyuán	动	*become attached to*
2. 就诊	jiùzhěn	动	*see a doctor*
3. 时不时	shíbushí	副	*from time to time*
4. 胃寒	wèihán		*stomach cold*
5. 上火	shànghuǒ	动	*suffer from excessive internal heat*

4-04

6.	云里雾里	yúnlǐ wùlǐ		*puzzled and lost*
7.	拔罐	báguàn	动	*cupping*
8.	针灸	zhēnjiǔ	动	*acupuncture*
9.	频频	pínpín	副	*repeatedly*
10.	前所未有	qián suǒ wèi yǒu		*unprecedented*
11.	沙龙	shālóng	名	*salon*
12.	效力	xiàolì	名	*effectiveness*
13.	穴位	xuéwèi	名	*acupuncture point*
14.	疏通	shūtōng	动	*clear*
15.	经络	jīngluò	名	*main and collateral channels*
16.	肌肉	jīròu	名	*muscle*
17.	释放	shìfàng	动	*release*
18.	品味	pǐnwèi	动/名	*taste; qualify and flavor*
19.	顿	dùn	副	*suddenly*
20.	神清气爽	shénqīng qìshuǎng		*refreshing*
21.	节制	jiézhì	动	*control*
22.	脂肪	zhīfáng	名	*fat*
23.	摄入	shèrù		*intake*
24.	顺应	shùnyìng	动	*conform with*
25.	受益匪浅	shòuyì fěiqiǎn		*benefit a lot*
26.	崇尚	chóngshàng	动	*advocate*
27.	制宜	zhìyí		*choose the appropriate method*

3 语言点

1. 既然……，何不……？

“既然”提出已经成为现实的前提或原因，“何不”后面是以反问句的形式提出一个建议。In this expression, 既然 puts forward a premise or a reason which has already become a reality. 何不 is followed by a rhetorical question in the form of a suggestion.

(1) A：我的研究已经三个月没有什么进展了，唉！

B：既然如此，何不试试新的研究思路呢？

(2) 既然你对小张的工作能力这么有把握，何不让他单独负责这项工作？

(3) 既然有那么多人喜欢你的作品，何不将它出版，让更多的读者看到？

☞(4) **我想既然是在中国，何不去试试中医？**

练一练

(1) 既然过去的事情已经不能重来，____________________？

(2) A：航班是晚上8点的，我们在这儿至少还有10个小时的时间。

B：________________________________。

(3) A：我觉得中医养生的方式也有一些道理。

B：______________________________。

2. 诸如……之类

举例用语，表示所举的例子不止一个，相当于“像……这样……”，“像……之类”。诸如……之类 is used to give examples. It indicates that there are more than one example. It is equivalent to 像……这样 or 像……之类。

(1) 随着谈判的失败，诸如“战争即将爆发”之类的传言越来越让人恐慌。

(2) 改革开放三十年，诸如彩电、冰箱之类的大件家用电器已经成为中国家庭中平常之物。

(3) 哲学家们总是最关心诸如“我是谁？”“我从哪里来？”“我向哪里去？”之类的问题。

☞(4) **许多诸如“胃寒”、“上火”之类的中医词汇，听得我云里雾里的。**

练一练

(1) A：你们聊什么呢，那么热烈？

B：就是那些______________年轻人感兴趣的话题。

(2) 独自在外旅行，个人的东西要保管好，______________。

(3) 恋爱中的人大都会变成诗人，他们会说一些______________。

3. 抱着……心理

表示带着某种心理去做事。抱着……心理 expresses carrying out an action with a certain attitude.

(1) 学生们抱着挑毛病的心理来到那位年轻教师的课堂，没想到一堂课下来，都被他生动幽默的教学风格吸引住了。

(2) 人们抱着看笑话的心理来看飞机试飞，没想到那飞机摇晃了几下，还真飞上了蓝天。

(3) 司机绝对不能抱着侥幸的心理开车上路，那样很容易造成交通事故。

☞(4) **老中医还推荐我去试试拔罐、针灸，我抱着试试看的心理做了几次，做完了还真觉得浑身舒畅了许多。**

练一练

(1) 当初我并不知道自己会一直坚持学习这么长时间汉语，只是______________。

(2) 面对新事物，年轻人往往会______________。

(3) 如果______________，机会很可能就会在不知不觉中错过。

4. 即

动词，表示解释、说明，相当于“就是”，常用在书面语中。The *verb* 即 expresses an interpretation and explanation. It is equivalent to 就是, and is usually used in formal, written language.

(1) 咖啡果的果肉香甜，内含两粒种子，即咖啡豆。

(2) “三农问题”，即农业、农村、农民问题，是今年政府重点关注的几件大事之一。

(3) 小丁商店被盗后24小时，即次日下午17点，警察就将盗窃犯抓捕归案。

☞(4) **“食补”，即饮食养生，更是令我着迷。**

练一练

(1) 按照国际惯例，在海上遇到危难的时候，人们会发出一种求救信号，________________。

(2) 节食，________________，是很多年轻人乐于尝试的减肥方法。

(3) 我高中毕业那年，________________，因父亲工作变动全家搬到了南部。

4 读一读

1. 读课文，判断正误。

(1) “我”拉肚子后选择看中医是因为“我”非常崇尚中医。 (   )

(2) 老中医的养生建议，很多“我”都没听懂。 (   )

(3) “我”认为“冬天不应该吃太多凉东西”这一建议没有道理。 (   )

(4) “我”听从了老中医的建议去调理自己的身体，效果很好。 (   )

(5) “冬吃萝卜夏吃姜，不用大夫开药方”的意思是强调冬天吃萝卜和夏天吃姜对人体健康有好处。 (   )

(6) “我”以前就懂得用中医养生的方法来保养自己的身体。 (   )

2. 读课文，用给出的词语回答问题。

(1) 作者为什么会去看中医？（时不时、既然、何不）

(2) 作者对中医的印象怎么样？（奇妙、银针、效力）

(3) 作者为什么喜欢练习太极拳？（节奏、宁静、健康）

(4) 作者为什么喜欢做按摩？（按压、疏通、放松、释放、享受）

(5) 作者是怎么给自己进行食疗的？（燥热、清淡、节制、减少）

5 说一说

1. 下图中的几种养生方式是什么？除此之外，你还能列举出哪些现在比较受年轻人欢迎的养生方式？

2. 小组活动。

(1) 四人一组，今天你被邀请参加“养生沙龙”，假设大家都是热爱养生的人，请你模仿课文，向大家介绍一下你怎么会喜欢上某一种养生方式的？

(2) 小组内，对比你们国家的人比较常见的养生方式，说说你对课文中提到的中医养生方式有疑问吗？请提出来大家一起讨论。

要求 尽量用上本课学过的常用表达式。

常用表达式

1 谈起……，不能不提起……。

2 既然……，何不……？

3 经朋友介绍……。

4 诸如……之类的……，……。

5 我抱着试试看的心理……。

6 别的不说，就说……吧，……。

7 通过……达到……的目的，简直是一种享受。

8 ……，即……。

9 按我的理解，……。

10 值得一提的是，……。

第3课 长寿乡的养生之道

1 热身活动

1. 了解一下巴马村长寿老人的膳食结构。

巴马村长寿老人

世界长寿之乡巴马村

"四低"：低盐
低糖
低脂肪
低动物蛋白

"一高"：高纤维

2. 世界卫生组织认为人的寿命与四大因素有关，请你按照重要性高低排序，并简单说说为什么？

A. 遗传　　B. 社会环境与自然环境　　C. 医疗卫生水平　　D. 生活方式与生活习惯

____

2 课　文 4-05

当今社会，人们似乎比以往任何时候都更加关注健康问题，但同时患慢性病、有亚健康症状的人数却[①]呈**递增**势头。如何才能尽量减少疾病、增强体质、**延年益寿**呢？或许巴马村长寿老人的养生之道可以供我们借鉴。

作为长寿之乡，在广西巴马村百岁老人毫不**稀罕**，八九十岁的老人更是随处可见。有人说这是**缘于**纯净自然的山水环境，也有人说独特的饮食文化是巴马人长寿的**奥秘**。当地人的饮食有三大特点：一是**五谷杂粮**，素食为主；二是五味适宜，清淡为主；三是简单烹饪，保持自然风味。这些都不错，但巴马人还有三个不容忽视的养生**秘诀**，即心态平和，适当强度的体力劳动，以及家庭**和睦**。

在我们接触的多位长寿老人中，几乎**无一例外**都是心态平和的人，不管家庭条件好坏，生活水平高低，始终保持一种**豁达**、从容的心态。百岁老人黄奶奶，家里陈设**简陋**，更谈不上任何**优越**的物质条件，但老人却整天**笑眯眯**的，那种发自内心对生活的满足感**溢于言表**。“现在生活没有太大的问题，该经历的风雨也都经历了，我对什么都很**淡然**。”黄奶奶说。

我们所拜访的每一位长寿老人，几乎都没有完全放弃体力劳动。他们一生都在劳作当中，尽管辛苦，但也得到了很好的锻炼，身体机能没有②随年龄增长而迅速衰退。这是他们能够长寿的重要原因之一。

俗话说“百病皆生于气”。家里倘若天天吵闹不休，老人不但**难以**保持平和的**心境**，还会心情沉闷，**诱发**疾病。在巴马村常见的大家庭都是几代**同堂**，家家和睦美满，夫妻恩爱，晚辈孝顺长辈，长辈**体谅**晚辈，人人互敬互爱。

可以说，巴马人的健康长寿正印证了中国传统的养生理念：“顺其自然，因人、因地、因时制宜”，以及“形神合一”，即生理与心理的和谐统一。生活在现代都市里的人们也③不妨好好**效仿**巴马人，在自然、平凡的生活中寻找到健康和快乐。

词语

4-06

1. 递增	dìzēng	动	*increase progressively*
2. 延年益寿	yán nián yì shòu		*promote longevity*
3. 稀罕	xīhan	形/动	*rare; like*
4. 缘于	yuányú		*due to*
5. 奥秘	àomì	名	*profound mystery*
6. 五谷杂粮	wǔgǔ záliáng		*whole grains*
7. 秘诀	mìjué	名	*secret*
8. 和睦	hémù	形	*harmony*
9. 无一例外	wúyī lìwài		*without exception*

10. 豁达	huòdá	形	*open-minded*	16. 难以	nányǐ	动	*difficult to*
11. 简陋	jiǎnlòu	形	*primitive*	17. 心境	xīnjìng	名	*frame of mind*
12. 优越	yōuyuè	形	*advanced*	18. 诱发	yòufā	动	*induce*
13. 笑眯眯	xiàomīmī	形	*smiling*	19. 同堂	tóngtáng		*living together under one roof*
14. 溢于言表	yì yú yán biǎo		*shown in facial expressions*	20. 体谅	tǐliàng	动	*considerate*
15. 淡然	dànrán	形	*indifferent*	21. 效仿	xiàofǎng	动	*emulate*

3 语言点

1. 呈……势头

意思是表现出某种发展、变化的方向和趋势，是一种比较正式的说法。呈……势头 conveys the direction and trend of some kind of development and change. It is a relatively formal way of expression.

(1) 近几年春节期间，北京火车站的客流量呈上升势头，预计今年客流量将达到3600万人次。

(2) 希望两国关系在已呈良好势头的情况下继续健康、稳定地发展下去。

(3) 今年经济增长呈“前高后缓”势头，预计全年GDP增长在9%左右。

☞(4) **当今社会，人们似乎比以往任何时候都更加关注健康问题，但同时患慢性病、有亚健康症状的人数却呈递增势头。**

练一练

(1) 经济危机过后，我国城市就业率________________________。

(2) 持续多年的滥采乱伐使得这片森林的树木________________________。

(3) 道路修通以后，这个地区的旅游业________________________。

2. 随（着）……而……

表示随着一种情况的变化而产生某种变化或有某种结果。随（着）……而…… indicates because of a certain situation's change, a certain kind of change or result is produced.

(1) 有些动物的体温能随着外界生存环境的温度变化而变化。

(2) 大熊猫喜欢独居，也没有固定的居住地点，他们常常会随季节变化而搬家。

(3) 球迷们的情绪随比赛进程的推进而渐入高潮，他们高声呐喊着为自己的球队加油。

☞(4) **他们一生都在劳作当中，尽管辛苦，但也得到了很好的锻炼，身体机能没有随年龄增长而迅速衰退。**

练一练

(1) 天气晴朗时我心情会很好，反之就会感到郁闷，我的心情经常______________________。

(2) 女孩子们最羡慕那些怎么吃都不胖的人，她们的体重不会______________________。

(3) 人的体力和精力一般都会____________________，而经验和阅历却会____________________。

3. 不妨

副词，表示没有什么妨碍，可以这样做。常用来表达建议。不妨, as an *adverb*, indicates there is no obstruction, the action can be done in this way. It is often used to convey a suggestion.

(1) 目前病人的病情不明，不妨让他先做一些相关的检查再具体分析。

(2) 如果平时太忙，抽不出时间上课，你不妨试一下“网络在线”课程。

(3) 心情郁闷时不妨到大自然中去，爬爬山，呼吸呼吸新鲜空气，暂时忘记烦恼。

☞(4) **生活在现代都市里的人们也不妨好好效仿巴马人，在自然、平凡的生活中寻找到健康和快乐。**

练一练

(1) 如果你在健身方面有什么好的做法，____。

(2) 工作和学习过于疲劳的时候，____。

(3) 第一次站在舞台上面对观众难免会紧张，____。

4 读一读

1. 快速阅读课文，选择哪些是课文中提到的巴马老人长寿原因。

巴马老人长寿原因	是	不是
1. 比以往任何时候都更加关注健康问题		
2. 纯净自然的山水环境		
3. 独特的饮食文化		
4. 心态平和		
5. 优越的物质条件		
6. 适当强度的体力劳动		
7. 家庭和睦		
8. 生理与心理的和谐统一		

2. 读课文，选择正确答案。

(1) 根据课文，你觉得下面的几种饮食方式中，哪种比较符合巴马人的饮食习惯？

A. 每餐都有肉有菜

B. 常吃麻辣口味的菜

C. 做的菜原汁原味

D. 多喝牛奶，多吃鸡蛋

(2) 根据课文，哪项不符合巴马老人日常的生活状态？

A. 对现有的生活很满足

B. 在物质上没有过多要求

C. 几代人共同和睦生活

D. 百岁老人不必参加劳动

(3) 根据课文，“百病皆生于气”的“气”主要指什么？

A. 坏情绪

B. 脏空气

C. 家庭气氛

D. 口气

(4) 本文作者主要想告诉人们什么？

A. 希望人们更加关注健康

B. 希望人们向巴马人学习养生之道

C. 让人们远离城市，到自然山水中生活

D. 分析慢性病、亚健康产生的原因

5 写一写

研究人员调查了A组和B组人近五年的健康状况，请看下面的调查结果。

	A组	B组
饮食	常吃汉堡包，习惯快吃	常吃蔬菜、少量肉，吃饭速度正常
居住环境	工厂附近	森林附近
工作	每天工作12小时，压力大	每天工作8小时，压力正常
生活习惯	晚睡晚起，少运动	早睡早起，爱运动
心态	急躁、易怒	开朗、平和
胖人	越来越多	越来越少
心脑血管疾病	越来越多	越来越少

根据给出的调查结果进行比较分析，简单介绍一下A组和B组人的健康情况，写一个健康小报告。可以写几个句子，也可以写一小段话。写完后跟同学互相交换所写的句子并朗读。

要求 尽量用上本课学过的常用表达式。

常用表达式

1 ……呈……势头。

2 有人说这是缘于……，也有人说……。

3 ……为主。

4 有……个不容忽视的养生秘诀，即……。

5 几乎无一例外都是……。

6 不管……，始终……。

7 ……，更谈不上……，但……。

8 ……随……而……。

9 倘若……，……不但……，还会……。

10 ……不妨……。

6 说一说

小组活动。

四人一组，讨论一下根据自己现有的条件，从生活环境、饮食习惯、生活方式和心态等方面设计一个比较符合大家实际情况的养生攻略，最后请一位同学向全班报告。

要求 尽量用上刚才练习过的常用表达式。

第5单元

梦想时空

任务介绍▶

每个人对梦想都有各自不同的理解。在人生的各个阶段也可能产生过不同的梦想。你还记得是什么原因促使你产生了那样的梦想吗？在追寻梦想的过程中你经历过哪些难忘的事情？你的那些梦想最终实现了吗？

生活广播频道有一个“梦想时空”栏目，在本单元你要作为听众加入到关于梦想的讨论中去，回忆自己曾经有过的各种梦想和追梦经历，并向听众朋友们讲述自己的追梦感受。

第1课　我的梦想

1　热身活动

1. 图中的这些卡通形象都是谁，请把图片与对应的介绍连线。

加菲猫：一只橙色、爱吃人类食物的胖猫。最大的嗜好：吃和睡；最喜欢的糖果：花生酥糖；最不喜欢的事：洗澡和减肥。

擎天柱：胸怀保卫生命、追求和平的理想，宇宙中最强大的仁爱之师——汽车人的首领。当他带领着部下准备作战时，总会说那句著名的台词——“汽车人，变形出发！”

丑小鸭：一只出生时丑丑的“小鸭子”。出于对美好大自然、美好生活的渴望，她经受住了严冬的困苦和灾难，最终实现了自己的梦想，变成了一只美丽的白天鹅。

机器猫：一个来自未来世界的猫型机器人。他用自己神奇的百宝袋和各种奇妙的道具帮助主人大雄解决各种困难。他心肠好，乐于助人，做事很拼命。

花木兰：中国古代女民族英雄。由于战争爆发，她替父从军，经过十几年的征战后胜利归来。花木兰勇敢又纯朴，千百年来受到中国人的尊敬。

A

B

C

D

E

2. 如果让你选择，他们中的哪一位有可能成为你的偶像？简单说说为什么？

2 听和说

1 听一听

今天参与《梦想时空》广播节目的三位听友分别谈到了自己的梦想，请听听他们是怎么说的。

1. 听录音，边听边在你听到的词语下面画线，并试着理解课文大意。 5-01

热门	人生阅历	深思熟虑	何乐而不为
模糊	崇拜	风土人情	奋斗期
拓宽	天赋	释然	梦寐以求

2. 听录音，理解下面词语的意思。 5-02

词语

1.	时下	shíxià	名	*nowadays*
2.	被动	bèidòng	形	*passive*
3.	阅历	yuèlì	名/动	*experience*
4.	关键	guānjiàn	形/名	*the most crucial; key*
5.	深思熟虑	shēnsī shúlǜ		*think over carefully*
6.	何乐而不为	hé lè ér bù wéi		*why not*
7.	脑海	nǎohǎi	名	*mind*
8.	模糊	móhu	形	*blurred*
9.	崇高	chónggāo	形	*noble*
10.	崇拜	chóngbài	动	*admire*
11.	周游	zhōuyóu	动	*travel around*
12.	风土人情	fēngtǔ rénqíng		*local customs and practices*
13.	遥远	yáoyuǎn	形	*distant*
14.	拓宽	tuòkuān	动	*broaden*
15.	视野	shìyě	名	*horizon*
16.	笛子	dízi	名	*flute*
17.	天赋	tiānfù	名	*talent*
18.	释然	shìrán	形	*relieved*
19.	梦寐以求	mèngmèi yǐ qiú		*long for something day and night*

3. 再听一遍录音，选择正确的答案。 5-01

(1) 关于梦想，第一个人现在的情况是：

A. 考上了法学院

B. 她实现了自己梦想

C. 她为父母实现了梦想

D. 她没有梦想

(2) 关于梦想，第二个人现在的情况是：

A. 已经记不清楚了

B. 有一个崇高、伟大的梦想

C. 比较具体也比较实际

D. 目前很难实现

(3) 关于梦想，第三个人小时候的经历是：
A. 父母希望他成为一位运动员
B. 打篮球比演奏音乐更让他向往
C. 因为没有音乐才能，他放弃了音乐梦想
D. 把打篮球当做梦想让他内心沉重

(4) 对于三个人的梦想，主持人的态度是：
A. 支持第一个人
B. 鼓励第二个人
C. 羡慕第三个人
D. 对三个人都没表态

4. 听第三遍录音，判断正误。 5-01

(1) 第一个人对待梦想的态度不主动，她一般都是按照父母的意见做事。（ ）
(2) 对于第一个人，她从未真正思考过未来发展的问题，而按照父母的意思去做让她很开心。（ ）
(3) 第二个人现在的梦想是带着爱人周游世界，感受各地的风土人情。（ ）
(4) 第二个人正在为生活而努力，所以暂时还没有条件去追求自己的梦想。（ ）
(5) 第三个人小时候学过二胡和笛子，表现出很好的音乐才能。（ ）
(6) 父母无论如何不同意他放弃音乐而去打篮球。（ ）

2 说一说

1. 双人活动。

假设一位同学是今天的节目主持人，另一位同学是听众。请主持人向听众介绍一下课文中三个人的梦想，然后由听众简单地作出评价。两个人再互换角色说一说。

主持人：今天节目中有三位朋友谈到了自己的梦想，第一位朋友……；第二位朋友……，最后一位朋友……。

要求 尽量用上本课学过的常用表达式。

常用表达式

1 说实在的……。
2 ……没怎么想过……。
3 在人生的关键时刻，……。
4 谈到梦想，……。
5 其实儿时的梦想……，只是觉得拥有梦想……。
6 但老师说……，所以……转而……。
7 那时他满脑子只有……。
8 梦想没有优劣之分，……。

2. 小组活动。

四人一组，首先各自说说自己的梦想是什么？然后根据自己的情况讨论下面的三个问题。

(1) 在成长的过程中你是否也曾像第一个人那样听父母的意见？
(2) 你是否也像第二个人一样曾经觉得自己的梦想很遥远？
(3) 你是否也像第三个人一样劝说父母放弃了他们为你设计好的梦想？

要求 尽量用上刚才练习过的常用表达式。

第2课 寻 梦

1 热身活动

1. 你知道谭盾是谁吗？让我们一起来了解一下吧。

谭盾，国际著名作曲家。1999年因歌剧《马可·波罗》（Marco Polo）获得格莱美（Grammy Awards）作曲大奖。2001年凭电影《卧虎藏龙》（Crouching Tiger, Hidden Dragon）的作曲获得奥斯卡金像奖（Oscar Academy Awards）“最佳原创配乐奖”。他还为2008年北京奥运会创作了一首《拥抱爱的梦想》。20多年来，谭盾通过他的音乐把中国文化传播到世界，受到各地音乐爱好者的尊重和喜爱。

2. 你知道屈原吗？一起来了解一下吧。

屈原，战国（Warring States Period）末期楚国人，中国历史上最伟大的浪漫主义诗人之一。他创立了“楚辞”（Chu-ci, Songs of Chu）这种文体，其代表作品有《离骚》、《九歌》等。公元前278年，秦国攻破了楚国国都，屈原的政治理想破灭。当年农历五月五日，屈原在绝望和悲愤之下投江而死。中国的传统节日“端午节”正是为纪念屈原而来的。

2 课 文 5-03

从**乡间**的野孩子到费城交响乐团的**执棒者**

——谭盾的寻梦之路

tándùn

小时候的谭盾在湖南的浏阳**河畔**长大，天天跟着外婆、儿时的伙伴在河里洗澡，在河边洗菜、**淘**米。在童年的记忆中，湖南乡下地道的**乡土**文化中**蕴藏**着各种各样的音乐形式，竹杆子、锅碗瓢盆等①凡是能发出声音的生活用品都可以拿来做乐器，他②视音乐为玩伴，从小到大，在这种乡土音乐的**熏陶**中渐渐长大。那时候的小谭盾特别渴望拥有一件真正的乐器，后来几经**周折**终于得到了一把小提琴，却只有三根**弦**，因为第四根弦很贵，买一根弦的钱在当时能吃很多天的饭。

1977年，高考刚刚**恢复**，这个连莫扎特、贝多芬都不知道的谭盾，仅凭一把只有三根弦的小提琴，不按正规方法演奏了一首湖南民歌，居然被音乐学院的老师**慧眼**相中，从此正式开始走上音乐寻梦之路。尽管③没怎么学过西方音乐，但他却可以把手中的任何东西**赋予**一种音乐想象。大学期间的谭盾几乎每天都学习十几个小时，从不**间断**。寒来暑往，经历了很多不为人知的苦难，他把刻苦学习变成了一种**宗教**，一种**学无止境**的**痴狂**。

谈到自己的20岁，谭盾写下了“理想”两字。他说：“在20岁左右时，天天读屈原，当时特别崇拜这样一个理想：音乐可以改变世界。”“路漫漫其修远兮，吾将上下而**求索**”就是屈原这句**励志**的诗，**激励**着谭盾，在他**尚未**读完所有课程时，就**率性**而大胆地写下了他的音乐**处女作**《离骚》。

20年后，谭盾走上了美国费城交响乐团的指挥台。《纽约时报》记者问他：“评论说，从湖南的一个野孩子到费城交响乐团指挥台的执棒者，这之间的距离④**究竟**有多远？”谭盾回忆说：“还在湖南玩水、玩石头时，当听到费城交响乐团来中国演出**古典**音乐，我心里就**萌发**了一个遥远的梦想：一定要指挥这个交响乐团。”

如今，⑤**正值**梦想成真之际，而谭盾早已经踏上了新的音乐寻梦之路。2008年，中国奥运年，谭盾正好五十岁，“知天命”之年。他要把五十年生命的积累、体会、感受、技巧、知识、理想，全部融入奥运音乐的**情怀**当中。

词语

1.	乡间	xiāngjiān	名	countryside
2.	执棒者	zhíbàngzhě	名	conductor (of an orchestra)
3.	河畔	hépàn	名	riverside
4.	淘	táo	动	wash
5.	乡土	xiāngtǔ	名	folk
6.	蕴藏	yùncáng	动	hold in store
7.	熏陶	xūntáo	动	nurture
8.	周折	zhōuzhé	名	twists and turns
9.	弦	xián	名	string
10.	恢复	huīfù	动	resume
11.	慧眼	huìyǎn	名	acumen
12.	赋予	fùyǔ	动	give
13.	间断	jiànduàn	动	cease
14.	宗教	zōngjiào	名	religion
15.	学无止境	xué wú zhǐjìng		life-long learning
16.	痴狂	chīkuáng	形	crazy
17.	求索	qiúsuǒ	动	quest
18.	励志	lìzhì	动	inspire
19.	激励	jīlì	动	encourage
20.	尚未	shàngwèi		not yet
21.	率性	shuàixìng	副/形	simply; straightforward
22.	处女作	chǔnǚzuò	名	debut
23.	究竟	jiūjìng	副	exactly
24.	古典	gǔdiǎn	形	classical
25.	萌发	méngfā	动	sprout
26.	正值	zhèngzhí		right at the time of
27.	情怀	qínghuái	名	feelings

专有名词

费城交响乐团	Fèichéng Jiāoxiǎngyuètuán	Philadelphia Orchestra
莫扎特	Mòzhātè	Mozart
贝多芬	Bèiduōfēn	Beethoven
《纽约时报》	Niǔyuē Shíbào	The New York Times

Lù màn màn qí xiū yuǎn xī, wú jiāng shàng xià ér qiú suǒ.
路漫漫其修远兮，吾将上下而求索。

引自屈原《离骚》，意思是：前面的路程遥远而又漫长，但我将不遗余力地去追求和探索真理。

3 语言点

1. 凡是……都……

表示在某个范围内所有的人或事物没有例外，用来表示总体概括。凡是……都…… indicates there are no exceptions within a certain range of people or objects, which is used to give an overall summary.

(1) 凡是参加奥运会的运动员实力都很强。

(2) 凡是对健康有利的事都应该尽量去做。

(3) 凡是年龄在20到60岁之间，喜爱音乐、舞蹈的人都可以报名参加比赛。

☞(4) **竹杆子、锅碗瓢盆等凡是能发出声音的生活用品都可以拿来做乐器。**

练一练

(1) 凡是老师布置的作业，他______________________________。

(2) ______________________________，他都想试一试。

(3) 这次汉语大赛的要求是：______________________________。

2. 视……为……

表示“把……看做/当做……”。视……为…… indicates 把……看做/当做…… (regard ... as ...)。

(1) 沿海的渔民视海龟（sea turtle）为吉祥之物，常把捕获的海龟送回大海。

(2) 许多讲究养生的人都视胡萝卜为营养丰富的蔬菜，是餐桌上不可缺少的菜肴。

(3) 每个孩子都视自己的父母为世界上最亲近的人，这是人的一种本能。

☞(4) **他视音乐为玩伴，从小到大，在这种乡土音乐的熏陶中渐渐长大。**

练一练

(1) A：你们知道中国人把什么看做他们的国球吗？

B：______________________________。

(2) A：你生命中最重要的东西是什么？

B：______________________________。

(3) 以后最好少吃汉堡、炸鸡、薯条这些东西，营养学家们______________________________。

3. 没怎么……

表示事情发生的次数少，程度轻。没怎么…… indicates that the situation does not happen many times or very often and it happens to a lesser degree.

(1) 我从来就没怎么考虑过自己的未来，也没怎么担心过自己的未来。

(2) 为了经常跟儿女保持联系，没怎么接触过电脑的老王也开始学习电脑了。

(3) 这里的物价很低，我没怎么跟商贩讨价还价就把这几件旅游纪念品都买下了。

☞(4) **尽管没怎么学过西方音乐，但他却可以把手中的任何东西赋予一种音乐想象。**

练一练

(1) 不知道小王今天怎么了。开会时他______________________________，一直低着头。

(2) 十几年过去了，你竟然______________________________，还那么年轻。

(3) 实在是太困了，这十几天我______________________________，刚把计划书交给老板。

4. 究竟

①副词，用于疑问句，表示追问，相当于“到底”。As an *adverb*, 究竟 is used in an interrogative sentence to indicate a detailed enquiry, equivalent to 到底.

②名词，表示事情的结果、原委，常以“动词+个+究竟”的形式出现。As a *noun*, 究竟 indicates the result and all the details of a situation. It is usually used in the structure *verb* + 个 + 究竟.

③副词，表示归根结底，强调事物的某种特征，常用来评价，相当于“毕竟”。As an *adverb*, 究竟 emphasizes a certain characteristic of an object, It which is often used in an evaluation, and is equivalent to 毕竟.

(1) 地球上新的一天究竟应该从哪里开始，到哪里结束呢？①

(2) 他是个爱问的孩子，对什么事情都要问个究竟。②

(3) 孩子究竟是孩子，大人们都已经乱作一团了，他们还在哪里照常打闹玩耍着。③

☞(4) **从湖南的一个野孩子到费城交响乐团指挥台的执棒者，这之间的距离究竟有多远？**①

练一练

(1) 你能不能告诉我，如果我用这种方法练下去，______________________________？①

(2) 我小时候很喜欢拆东西，如果妈妈给我买了辆玩具车，我______________________________。②

(3) 尼克______________________________，看问题的方式跟中国人还是有些不同。③

比较 究竟/到底

“到底”作副词，可以表示经过一个过程后，事情最终发生了，“究竟”没有这个用法。“究竟”的第①个意思和第③个意思都可以换成“到底”。到底 is an *adverb*. It can indicate that after going through a process, an event finally occurs. 究竟 does not have this usage. The ① and ③ meanings of 究竟 can both be replaced by 到底.

(1) 尽管忍耐了半天，眼泪到底还是从眼眶中流了出来。

(2) 我要请客，他说什么也不肯，争了半天，到底还是他付了钱。

5. 正值……之际，……

表示正赶上某一个事件、时间段期间。这个表达方式比较正式。正值……之际，…… indicates that this is exactly the period of a certain event or time. This expression is quite formal.

(1) 时下正值元旦、春节之际，电视台播放了许多深受观众喜爱的文艺节目。

(2) 目前正值公司用人之际，你提出辞职让我感到很意外，希望你再考虑考虑。

(3) 正值两国建交40年之际，您的来访对两国的关系具有重大意义。

☞(4) **如今，正值梦想成真之际，而谭盾早已经踏上了新的音乐寻梦之路。**

练一练

(1) 时下__________________________，气温变化大，老年朋友们一定要注意增减衣物，预防感冒。

(2) ________________________________，很多商店都推出了自己的特价商品。

(3) 2008年8月，________________________________，北京迎来了来自世界各地的运动员。

4 读一读

1. 读课文，用给出的词语回答问题。

(1) 谭盾儿时的生活跟音乐有什么关系？他的梦想是什么？（乡土、熏陶、渴望）

(2) 大学期间的谭盾是怎样刻苦学习的？（几乎、间断、变成）

(3) 屈原对谭盾产生过怎样的影响？（励志、激励、尚未）

(4) 儿时的谭盾有着怎样的音乐梦想？（当……时、古典、萌发）

2. 根据课文，找出谭盾的寻梦经历了哪三个阶段，请根据你自己的理解和感受为每个阶段写下两个关键词。

阶　段	时间	关键词
第一阶段		
第二阶段		
第三阶段		

5 说一说

1. 双人活动。

根据上题中你写出的关键词，两人互相提醒，简单讲述一下谭盾寻梦的三个阶段，并说说你认为谭盾为什么会梦想成真？

要求 尽量用上本课学过的常用表达式。

常用表达式

1 在童年的记忆中，……。

2 凡是……都……。

3 那时候……特别渴望……，后来几经周折……。

4 尽管没怎么……，但是……。

5 ……期间……几乎……。

6 就是……，激励着……。

7 在……时，就率性而大胆地……。

8 从……到……，这之间距离究竟有多远？

9 如今，正值梦想成真之际，……。

2. 小组活动。

“梦想时空”广播节目正在征集听友们的寻梦经历，你能不能也讲讲自己或者你所知道的某个人的寻梦经历？不管这段经历是成功的还是失败的，也不管你的梦想是大还是小，一起来分享一下吧。

要求 尽量用上刚才练习过的常用表达式。

第3课 为什么不去追求梦想？

1 热身活动

1. 读读下面这些关于梦想的格言，你喜欢哪一句？简单说说为什么？

(1) 现实是幻想的敌人，但不是梦想的敌人。

(2) 一个实现梦想的人，就是一个成功的人。

(3) 梦想只要能持久，就能成为现实。

(4) 昨天的梦想，可以是今天的希望，并且还可以成为明天的现实。

(5) 穷人并不是指身无分文的人，而是指没有梦想的人。

2. 你是否曾经放弃过追求自己的梦想，还记得是由于什么原因吗？现在你是否觉得遗憾？

2 课 文 5-05

人们总是找各种各样的理由放弃对梦想的追求，而我们经常听到的**借口**有三个。

借口一：**普通**人实现不了梦想。

许多人认为梦想只**属于**有特殊才能的人，其他人则不得不满足于**既有**的现状，甚至连追求梦想的**起码**的**念头**都放弃了。事实上，每个人都可以拥有梦想，并且追求梦想，普通人和特殊人的区别就①在于他们对梦想的追求。如果普通人②敢于追求自己的梦想，那他们也能过上不**平凡**的生活。要知道梦想能成为**推动**人们作出重大生活改变的**催化剂**，③何乐而不为？去追求你的梦想吧，追梦的**过程**会给自身以及你所能完成的事情带来意想不到的改变。

借口二：不够远大的梦想不值得追求。

评价梦想不应该使用“大”“小”这样的词语。因为大小并不能决定梦想的**价值**。梦想不需要很远大，只需要属于你就可以了。当一个男人对朋友们说“我唯一的梦想就是当一个好爸爸”时，我相信大家会对他报以真诚的赞许。这不是一个很崇高、伟大的梦想，却非常有**力量**。大的不总是最好的，梦想的意义并不在于它的大小。

借口三：现在还不是我追求梦想的好**时机**。

人们给不去拥有和追求梦想找的借口，最常见的就是时机还不成熟。有些人觉得不用这么早，似乎他们还在等待追求梦想的**许可证**，而事实上许可证只能由自己发出。与此同时，有些人担心现在追求梦想已经太迟了，于是在遗憾中放弃了。要知道，追梦永远都不会有最完美的时机，所以你可以从现在就开始。否则明年你又老了一岁，却没有离梦想更近一步。值得庆幸的是每个**时代**总是有那样一群**朝气蓬勃**、敢想敢做的年轻人，他们常常还没有充分意识到要小心**谨慎**，所以他们敢于**挑战**“不可能”，并且实现它。

词语

5-06

1. 借口	jièkǒu	名	*excuse*
2. 普通	pǔtōng	形	*common*
3. 属于	shǔyú	动	*belong to*
4. 既有（的）	jìyǒu (de)		*existing*
5. 起码	qǐmǎ	形	*at least*
6. 念头	niàntou	名	*idea*
7. 平凡	píngfán	形	*ordinary*
8. 推动	tuīdòng	动	*push forward*
9. 催化剂	cuīhuàjì	名	*catalyst*
10. 过程	guòchéng	名	*process*
11. 价值	jiàzhí	名	*value*
12. 力量	lìliàng	名	*strength*
13. 时机	shíjī	名	*opportunity*
14. 许可证	xǔkězhèng	名	*permission*
15. 时代	shídài	名	*times*
16. 朝气蓬勃	zhāoqì péngbó		*vigorous*
17. 谨慎	jǐnshèn	形	*cautious*
18. 挑战	tiǎozhàn	动	*challenge*

3 语言点

1. 在于

动词，指出事物的本质，或指出事物的关键，相当于“由……决定”。在于 is a *verb*. It Indicates the nature of an object, or the crux of an object, which is equivalent to 由……决定.

(1) 这次考试成绩不理想的原因在于你没有认真分析题目，匆忙作答。

(2) 你的健康并不在于别人，而在于你自己。

(3) 普通人和特殊人的区别就在于他们对梦想的追求。

☞(4) **梦想的意义并不在于它的大小。**

练一练

(1) A：您能谈谈这次大赛的目的吗？

B：______________________________。

(2) A：导演，你认为这部电影为什么这么受欢迎？

B：______________________________。

(3) 你能否得到奖学金不在于老师，______________________________。

2. 敢于

动词，表示有勇气做某事。“敢”表示勇敢，“于”表示在某个方面，类似结构的词语还有“乐于、善于、急于、忙于、满足于”等，后面要带宾语。敢于…… expresses having the courage to do something. 敢 indicates bravery, while 于 indicates in a certain aspect. Similar structures include 乐于，善于，急于，忙于，满足于, and are followed by an object.

(1) 尽管多次遭到众人的反对，但他始终敢于坚持自己的意见，这种勇气值得尊敬。

(2) 这次突发事件能够得到及时的处理显示了政府敢于面对现实的决心和解决问题的诚意。

(3) 如果普通人敢于追求自己的梦想，那他们也能过上不平凡的生活。

☞(4) **他们敢于挑战“不可能，并且实现它。”**

练一练

(1) 有些人______________________________，而有些人只肯做那些被人重复过很多次的事。

(2) 在赛场上要______________________________，否则只有失败等着你。

(3) 想学好一门外语不能只看课本，一定要______________________，这样才能提高自己的听说能力。

3. 何乐而不为（呢）？

意思是“有什么不乐于去做的呢？”表示愿意去做某事。何乐而不为（呢）？ means 有什么不乐于去做的呢？（*why not willingly to do something?*）indicating a willingness to perform an action.

(1) 使用这种新技术，产品的价格就能降低，质量也能提高，何乐而不为呢？

(2) 不用出门，坐在家里上上网就可以买到自己喜欢的东西，何乐而不为？

(3) 我们付出一点点爱心就可以帮助那些急需帮助的人，何乐而不为呢？

☞(4) **要知道梦想能成为推动人们作出重大生活改变的催化剂，何乐而不为？**

练一练

(1) A：孩子这么小你就把他送到国外留学是不是太辛苦了？

B：我不这么想，________________________？

(2) A：周末的新生晚会，你去参加吗？

B：去啊！________________________？

(3) A：陪小孩子玩，你不觉得无聊吗？

B：不会啊！________________________？

4 读一读

1. 快速阅读课文，将三个“借口”跟各段中提到的内容对应起来，并连线。

借口一：普通人实现不了梦想	等待梦想许可证
借口二：不够远大的梦想不值得追求	梦想可以变成生活的催化剂
借口三：现在还不是我追求梦想的好时机	人们会赞许那些小而有力量的梦想

2. 读课文，判断正误。

(1) 有的人认为自己很平凡，所以根本不去考虑追求梦想的事。（　　）

(2) 追求梦想的过程能把平凡人变得不平凡。（　　）

(3) 远大的梦想有价值，小的梦想没有价值。（　　）

(4) 追求梦想的时机是由自己创造的而不是等来的。（　　）

(5) 年轻人总是能得到合适的时机去追求梦想。（　　）

5 写一写

为什么有些人勇敢地追求自己的梦想，而有些人却放弃了，你对此有什么评价？试着写写自己的看法。你可以模仿课文写几个句子，也可以写一小段话。写完后跟同学互相交换所写的句子并朗读。

要求 尽量用上本课学过的常用表达式。

常用表达式

1 许多人认为……，其他人则……。

2 事实上，每个人都……。

3 要知道……，何乐而不为？

4 我们不应该……，因为……。

5 梦想不需要……，只需要……就可以了。

6 ……不总是……，……并不在于……。

7 有些人觉得……，而事实上……。

8 要知道，……，所以……。否则……。

9 值得庆幸的是……，所以……。

10 ……敢于……。

6 说一说

小组活动。

四人一组，每人从下面给出的角色中任意挑选一个来扮演。“梦想时空”节目请你参加“我的追梦感受”的讨论，请每个人接着主持人的话谈一下自己的感受。

主持人：今天我也跟大家一起聊聊我的追梦感受。当广播节目的主持人并不是我从小的梦想，值得庆幸的是上中学的时候老师发现我有表达天赋，并激励我朝着主持人的方向努力。事实上，每个人都有自己的天赋，只要你发现了它，并且坚持下去，就会实现自己的梦想。不知道各位嘉宾在追梦的过程中又有着什么样的感受呢？

家庭主妇　美食家　乐队主唱　汉语教师　网店老板　旅行家

要求 尽量用上刚才学过的常用表达式。

第6单元

大城小事

任务介绍▶

当你开始独立的新生活时，除了新鲜的感觉之外，不可避免地还要独自面对生活中遇到的各种问题，你通常会选择什么方式、什么态度去应对呢？在感受自由生活的同时，怎样才能更好地适应和理解生活中那些复杂的人和事？

在这个单元中，请你参加名为"大城小事"的城市生活体验活动。首先，说一说当你遇到不同的生活问题时怎么解决；其次，了解一下时下年轻人中流行的DIY式生活方式，谈谈你对这种生活方式的看法，并尝试用这种理念去完成一件事；最后，交流一下独立生活的感受，畅想如何才能让自己的新生活更美好、更舒心。

第1课 真是的！

1 热身活动

1. 当你遇到下面这些问题时，你可以去哪里寻找帮助？

____ 晚上回到家时发现冰箱里什么都没有。

____ 刚搬家还没有洗衣机，存了好多脏衣服。

____ 早上出门急急忙忙，眼镜不小心摔碎了。

____ 按照朋友给你的地址却没找到要去的地方。

____ 刚租的房子水管漏水了，可是怎么也联系不上房东。

2. 遇到上面这些麻烦事时，你的心情会有什么变化？你可能会说下面哪句话？

1 怎么会这样！

2 不会吧！

3 天哪！

4 真是的！

2 听和说

1 听一听

几位朋友讲述了他们在新生活中遇到的问题，请听下面的三段对话。

1. 听录音，边听边在你听到的词语下面画线，并试着理解课文大意。 6-01

地铁大军	免费	难得	观察
左邻右舍	热心肠	如约而至	无奈
尴尬	邋遢	沟通	忍无可忍

2. 听录音，理解下面词语的意思。 6-02

词语

1. 郁闷	yùmèn	形	*depressed*
2. 难得	nándé	形	*rare; valuable*
3. 迷糊	míhu	形	*blurred*
4. 观察	guānchá	动	*observe*
5. 左邻右舍	zuǒlín yòushè		*neighbours*
6. 自告奋勇	zì gào fènyǒng		*volunteer*
7. 邻里	línlǐ	名	*neighbourhood*
8. 热心肠	rèxīncháng	名	*warm-heartedness*
9. 如约	rúyuē		*as if right on time*
10. 无奈	wúnài	动	*have no choice*
11. 异样	yìyàng	形	*peculiar*
12. 尴尬	gāngà	形	*awkward; embarrassing*
13. 斯文	sīwén	形	*refined*
14. 暗喜	ànxǐ	动	*feel happy secretly*
15. 邋遢	lātā	形	*sloppy*
16. 沟通	gōutōng	动	*communicate*
17. 权利	quánlì	名	*rights*
18. 义务	yìwù	名	*responsibilities*
19. 忍无可忍	rěn wú kě rěn		*beyond endurance*

3. 再听一遍录音，选择正确答案。 6-01

(1) 第一个说话人最可能是一个什么样的人？

A. 上班族

B. 北京人

C. 留学生

D. 军人

(2) 第二个说话人没有经历过哪种感受？

A. 尴尬

B. 热情

C. 无奈

D. 烦躁

(3) 下面哪项是第三个人的做法？
A. 做饭后不洗厨具
B. 在门上给室友留纸条
C. 不清扫厕所
D. 擦各个房间的地

(4) 第三个人的同屋是个什么样的人？
A. 爱干净的人
B. 懒惰的人
C. 有礼貌的人
D. 讲理的人

4. 听第三遍录音，根据课文内容填表。 6-01

	遇到的问题	心情	朋友是否给出了建议？如果有，是什么建议？
第一个人			
第二个人			
第三个人			

2 说一说

1. 双人活动。

如果是你遇到了课文中同样的问题，你该怎么应对？一位同学说明课文中的三位朋友遇到的麻烦，另一位同学做出回应，并说说应对的办法。

要求 尽量用上本课学过的常用表达式。

常用表达式

1 天哪，这么早！怎么不……？
2 这一方面吧，……再说……。
3 那还是……吧，好事哪能都……啊，……。
4 阿姨们这个……，那个……。
5 无奈之下，我……。
6 其实我并不是……。
7 哪知道被……。
8 实在是……！
9 干脆……算了！

2. 小组活动。

四人一组，参加“大城小事”体验活动时，你们遇到了几个生活中的小问题。请你们模仿课文对话，谈谈遇到这些麻烦事，你的心情如何？怎么解决？当然，如果你还不知道怎么解决，也可以请同学们给你些建议。

麻烦一：学校食堂的饭菜不合你的胃口。

麻烦二：你的同学总是向你借各种各样的东西，但总是不及时还给你。

麻烦三：室友总是把音响放得很大声，你晚上无法安静地学习。

要求 尽量用上刚才练习过的常用表达式。

第2课 给生活加点糖

1 热身活动

1. 下面哪些事情你会自己动手做，或者请人代为解决，或者跟家人、朋友一起动手做？

	自己动手	请人代为解决	跟别人一起动手做
换一个新发型			
修理汽车小毛病			
打扫房间			
中午的便餐			
送给爱人的礼物			
旅行安排			
组装家具			
搬家			

2. 解决类似上面列出的各种事情时，你觉得“自己动手”会让你的生活充满乐趣还是添了麻烦？请举例说明。

2 课 文 6-03

开动大脑，用你的双手去创造生活、**美化**生活，这就是时下最流行的DIY式生活**理念**。说它是“时下最流行的”，有些上了年纪的人可能要不**服气**了，“什么DIY？我们年轻那会儿，为了结婚自己动手打家具、修新房，那种热情①不亚于现在的年轻人。”

其实无论是二三十年前的“打家具热”，还是如今时髦的说法“DIY”，都体现出那些热爱生活、用自己的心去感受生活的人们对美好生活的一种向往和追求。

9月16日，一部不**公开发行**、无关**票房**的影片在北京某影院**首映**，这便是北京白领徐小姐为自己婚礼自编、自导、自演的电影《我们俩》。“请亲朋好友看场电影，就把婚结了。”徐小姐接受记者采访时笑着说。

言谈之间，徐小姐②对常见的婚礼形式颇不以为然。她的“影院婚礼”没有**浩繁**的迎亲车队，没有**奢华**的场面布置，在**容纳**100多人的**放映厅**里，一部时长25分钟的微电影，讲述了二人的爱情故事。其中，参与拍摄的演员均为两位新人的亲朋好友。到场亲友对婚礼的评价是“形式简单却**浓情无比**”。徐小姐将《我们俩》**上传**至网上，仅4天时间，**点击量**就已**突破**两万。

“**筹办**婚礼是件**劳民伤财**的事。”徐小姐笑称自己的婚礼没“伤财”，但可③算得上是“劳民”了。“参加婚礼的100多位宾客中，有20多位都是‘工作人员’。辛苦，但很开心。”省钱也正是“影院婚礼”的考虑之一。“这也是我们④从自己现有的经济条件出发做出的选择。有的婚庆公司**光策划**费用就要上万，还不包括其他费用，而我们的婚礼全部费用也就是一个‘策划费’的花销。喜糖也用人手一包的爆米花代替了。”徐小姐说。

当初提出这个想法时，徐小姐最怕双方老人反对。没想到，开明的父母们举双手支持。就这样，两位新人用自己的**创意**——一个**与众不同**的影院婚礼为一生留下了永久的纪念。看着这对时尚而甜蜜的新人，⑤不禁让人想起了那句话，“DIY，就是要给生活加点糖！”

词语

6-04

1. 开动	kāidòng	动	*set in motion*
2. 美化	měihuà	动	*beautify*
3. 理念	lǐniàn	名	*concept*
4. 服气	fúqì	动	*be convinced*
5 公开	gōngkāi	形/动	*public; make public*
6. 发行	fāxíng	动	*release*
7. 票房	piàofáng	名	*box office*
8. 首映	shǒuyìng	动	*first run*
9. 便	biàn	连	*just*
10. 浩繁	hàofán	形	*vast and numerous*
11. 奢华	shēhuá	形	*extravagant*
12. 容纳	róngnà	动	*accommodate*

13. 放映厅	fàngyìngtīng	名	*theatre*
14. 浓情	nóngqíng		*passion*
15. 无比	wúbǐ	动	*unequalled*
16. 上传	shàngchuán	动	*upload*
17. 点击量	diǎnjīliàng		*hits*
18. 突破	tūpò	动	*break*
19. 筹办	chóubàn	动	*make arrangement*
20. 劳民伤财	láomín shāngcái		*waste manpower and money*
21. 光	guāng	副	*alone*
22. 策划	cèhuà	动	*plan*
23. 创意	chuàngyì	名	*creativity*
24. 与众不同	yǔzhòng bùtóng		*distinctive*

3 语言点

1. 不亚于……

表示“不比……差或少”。不亚于 means 不比……差或少 (*no less than …*).

(1) 中国三亚的旅游资源不亚于美国的夏威夷，很多游客喜欢到那里度假。

(2) 这种国产药的价格虽然便宜，但它的疗效不亚于那些同类售价昂贵的进口药。

(3) 这次经济危机的影响不亚于一场大地震，很多公司都纷纷倒闭了。

☞ (4) **我们年轻那会儿，为了结婚自己动手打家具、修新房，那种热情不亚于现在的年轻人。**

练一练

(1) 参加这次运动会的选手都是世界一流的选手，他们的水平 ______________________________。

(2) 经验需要慢慢积累，要知道管理一家公司的复杂程度 ______________________________。

(3) 电脑的出现改变了现代人的生活方式，这 ______________________________。

2. 对……（颇）不以为然

表示不同意、不认为是正确的，有时带有不在乎、轻视的意思。对……（颇）不以为然 indicates disagreement, not believing something to be true. It sometimes takes the meaning of not caring or feeling contempt.

(1) 很多人都想模仿别人的成功之路，我对此不以为然。

(2) 妈妈一辈子都最喜欢物美价廉的东西，对现在很多年轻人追求名牌的做法颇不以为然。

(3) 看样子要打起来了，看对方长得瘦瘦矮矮的，一身学生打扮，大个子对他颇不以为然。

☞ (4) **言谈之间，徐小姐对常见的婚礼形式颇不以为然。**

练一练

(1) 很多人都说生活在大城市有种种好处，______________________________。

(2) 年轻人跟老年人的想法总是有很大的差异，______________________________。

(3) 社会学家调查了人们对“闪婚”的看法，发现 ______________________________。

3. 算得上……

表示"可以被当做、被看成、被认为……"。算得上…… means 可以被当做，被看成，被认为…… (*can be taken, seen or thought as*...).

(1) 丽丽刚刚在校园歌唱比赛中获得了冠军，在校园里，她算得上是一位明星。

(2) 我三次去九寨沟，三次都碰到了大卫，我们俩可真算得上有缘分。

(3) 电视机现在已经很普遍，但二十多年前在中国可算得上是奢侈品了。

☞(4) **徐小姐笑称自己的婚礼没"伤财"，但可算得上是"劳民"了。**

练一练

(1) 明明从小是在孤儿院（orphanage）长大的，孤儿院的老师们 ____________________。

(2) 爸爸并没做过什么了不起的事情，但在我成长的过程中，每当我遇到困难时，他永远鼓励我、支持我，在我心中他 ____________________。

(3) 才二十出头的王明，从六岁就开始打乒乓球，在球队里他 ____________________。

4. 从……出发

提出做事情的起点，或考虑问题的基础。从……出发 indicates the start of an action, or where the consideration is based.

(1) 请大家从各自的工作需要出发，提出对公司未来发展的意见和建议。

(2) 只要两国从双方的根本利益出发，互相尊重，就一定能推动两国关系健康、稳定地发展。

(3) 中国政府从自身国情出发，实行了一系列改革措施。

☞(4) **这也是我们从自己现有的经济条件出发做出的选择。**

练一练

(1) 近年来环境问题越来越严重，政府 ____________________ 提出了一系列市民环保建议。

(2) ____________________，大家要加强锻炼，注意饮食平衡。

(3) A：请问，你为什么会选择学习汉语？

B：选择汉语 ____________________。

5. 不禁

副词，表示抑制不住，不由自主。相当于"禁不住"。不禁 is an *adverb* meaning irrepressible, involuntary. It is equivalent to 禁不住.

(1) 有些人没马上听懂那个笑话，不过听懂的人们都不禁哈哈大笑起来。

(2) 看到自己的孩子被救了出来，激动的母亲不禁泪流满面。

(3) 马克用流利的汉语为中国客人介绍着自己的家乡，我心中不禁暗暗佩服。

☞(4) **看着这对时尚而甜蜜的新人，不禁让人想起了那句话，"DIY，就是要给生活加点糖！"**

练一练

(1) 昨天放学回家时，发现一直寂静的街道突然变得热闹起来，我 ____________________。

(2) 这次回老家见到了许多儿时的好朋友，____________________________。

(3) 很晚了，小姑娘一个人走在森林，心里____________________________。

比较 不禁/禁不住

“禁不住”作为动词，表示承受不住的意思；“不禁”没有这个意思。禁不住 is a verb meaning to withstand. 不禁 does not take this meaning.

(1) 这盆花禁不住冬季的严寒，没过多久就冻死了。

(2) 你怎么这么禁不住别人的批评，这样怎么能进步呢？

4 读一读

1. 读课文，填写完成表格。

徐小姐的婚礼包不包括下面这些内容？	包括	不包括
1. 浩繁的迎亲车队		
2. 奢华的场面布置		
3. 40多位专业演员		
4. 上传网上后，出现高点击量		
5. 光婚礼策划费用就一万多		
6. 为每位客人准备了一包喜糖		
7. 婚礼中有很多徐小姐父母的创意		

2. 读课文，用给出的词语回答问题。

(1) 什么是DIY式生活理念？（开动、美化、时下）

(2) DIY的做法是刚刚出现的吗？为什么？（打、不亚于）

(3) 过去的“自己动手”跟现在的DIY有什么相同的地方？（体现、向往、追求）

(4) 徐小姐婚礼上的电影跟一般影院放映的电影有什么不同？（公开、发行、无关、微电影）

5 说一说

1. 双人活动。

互相说说你对课文中提倡的“自己动手”的生活理念有何评价？在徐小姐为自己筹办的“影院婚礼”中，哪些做法是你所赞同的？哪些做法你认为不那么合适或者不理解？为什么？

要求 尽量用上本课学过的常用表达式。

常用表达式

1 ……，那种热情不亚于……。

2 无论是……还是……，都体现出……

3 请亲朋好友……，就把婚结了。

4 ……对……颇不以为然。

5 徐小姐的婚礼没有……，没有……，……。

6 ……将……上传至网上，仅……时间，点击量就已突破……。

7 徐小姐笑称自己的婚礼……，但可算得上是……。

8 ……从……出发做出的选择。

9 ……光……就……。

10 看着……，不禁让人想起……。

2. 小组活动。

四人一组，在“大城小事”体验活动中，你们要为即将毕业的同学策划组织一次与众不同的毕业典礼，可以模仿课文中的做法，也可以加上自己新创意。最后请一位同学向全班报告。

要求 尽量用上刚才练习过的常用表达式。

小贴示

可以考虑的几个方面：时间、地点、形式、花销、参加者的感受……

第3课 "达人"生活

1 热身活动

1. "达人"是个时髦词语，你猜猜它是什么意思？

2. 你身边有这些"达人"吗？他们在哪个方面表现出色？除此之外，你还知道哪些"达人"？

运动达人　手工达人　电影达人　环保达人　购物达人　时尚达人

2 课　文 6-05

他们都经历过生活转变所带来的苦恼，但最终**凭借**自己对生活的热爱，在新环境中找到了属于自己的一片天空，对于这类人我们①称之为"生活达人"。

老潘，"摄影达人"。刚来北京的时候**举目无亲**，空闲时就独自背着照相机满北京城转。慢慢地，他发现城市里有不少像他一样的摄影迷，便试着去接近他们，交流作品和感受。②一来二去，他开始有了自己固定的交往**圈子**，如今甚至还有了一些小粉丝，每到周末他们会自己设定主题，拍好后互相点评。北京对他来说不再是**遥不可及**的大城市，甚至有了越来越浓的人情味。

芳芳，"厨艺达人"。三年留学经历，她从一个连方便面都没煮过的"小公主"变成了留学生里的"生活能手"。初到异国

时，因为她不仅从来不打扫合租房里的公用区域，还经常把东西到处乱扔，室友们对她的态度也由友好逐渐变为**冷淡**。面对那些日渐冰冷的**面孔**，芳芳也曾想过搬家，但这终究不是长久之计。考虑**再三**，她决定改变自己，从最简单的家务开始学习。于是，每天和妈妈**视频**的内容不再是抱怨不习惯的国外生活，而是变为**请教**厨艺。半年后，她主动邀请室友参加新年聚餐。在大家**狐疑**的眼光中，她手忙脚乱地端出了一道道可口的菜品，引来了一片**交口**称赞。

泡泡小鱼，“网络达人”。她并不是**沉迷**于网络的**自闭**青年，只是善于利用现有的网络**资源**来方便和**充实**自己的生活。来到新城市，找房子、找兼职、交换**闲置**物品、找旅伴……许多生活问题她都借助网络解决了。在她看来，网络**无所不能**，只要利用**得法**，就可以**冲破**传统生活方式的**束缚**，为自己寻找到更广阔的生存**空间**。

词语

6-06

1. 凭借	píngjiè	动	*by virtue of*
2. 举目无亲	jǔmù wúqīn		*be a stranger in a strange land*
3. 圈子	quānzi	名	*circle*
4. 遥不可及	yáo bù kě jí		*distant and unattainable*
5. 冷淡	lěngdàn	形	*indifference*
6. 面孔	miànkǒng	名	*face*
7. 再三	zàisān	副	*repeatedly*
8. 视频	shìpín	名	*video*
9. 请教	qǐngjiào	动	*consult*
10. 狐疑	húyí	动	*suspect*
11. 交口	jiāokǒu	副	*speak in unison*
12. 沉迷	chénmí	动	*be addicted to*
13. 自闭	zìbì		*autistic*
14. 资源	zīyuán	名	*resource*
15. 充实	chōngshí	动	*enrich*
16. 闲置	xiánzhì	动	*unused*
17. 无所不能	wú suǒ bù néng		*all-powerful*
18. 得法	défǎ	形	*appropriate*
19. 冲破	chōngpò	动	*break through*
20. 束缚	shùfù	动	*bind up*
21. 空间	kōngjiān	名	*space*

3 语言点

1. 称之为……

意思是"把……叫做……"。称之为…… means 把……叫做…… (*call … as …*).

(1) 骆驼喝一次水后可以连续几天几夜不喝水，照样行走正常，人们称之为"沙漠之舟"。

(2) 年龄在23—30岁之间，有谋生能力，但仍靠父母供养的年轻人，社会学家称之为"啃老族"。

(3) 那些能讲出永恒的东西，不仅仅在当时成为人们喜爱的作品，在后来的日子里我们称之为"经典"。

☞(4) **他们都经历过生活转变所带来的苦恼，但最终凭借自己对生活的热爱，在新环境中找到了属于自己的一片天空，对于这类人我们称之为"生活达人"。**

练一练

(1) 正月初一是中国农历新年，人们________________________。

(2) 有些人虽然没有明确的疾病，但却出现精神活力和适应能力下降的状态，这种非病、非健康的状态________________________。

(3) 什么是美食家？那些________________________。

2. 一来二去，……

表示经过一段时间，逐渐产生出某种情况。一来二去，……indicates that a certain situation has gradually been produced over a period of time.

(1) 老王经常去那家书店买书，一来二去，跟老板成了熟人。

(2) 没事的时候我就去听他们唱戏，一来二去，自己也能唱上几句了。

(3) 这地方以前是一块空地，一些卖水果、小吃的便在这儿摆摊，一来二去，发展成了一个热闹的小市场。

☞(4) **他发现城市里有不少像他一样的摄影迷，便试着去接近他们，交流作品和感受。一来二去，他开始有了自己固定的交往圈子。**

练一练

(1) 大卫常爱跟小区的中国人聊天，________________________。

(2) 王教授的讲座我每次都去听，开始不敢提问，教授总是鼓励我，________________________。

(3) 男孩没事的时候总爱去那家花店转转，其实是想看看卖花的姑娘，________________________。

4 读一读

1. 快速阅读课文，看看下面的几句话分别对应了谁的经历。

老潘	芳芳	泡泡小鱼
新技术、新方法、新生活	相同的爱好使陌生人变为朋友	生活能力是长期历练出来的

2. 读课文，判断正误。

(1) 老潘刚来北京时喜欢到处随便走走，拍拍照片。 (　　)

(2) 老潘在北京找到了很多同样喜欢摄影的朋友，并交往过一两次。 (　　)

(3) 刚出国留学时，芳芳什么家务都不会做。 (　　)

(4) 因为芳芳懒惰，室友们越来越不喜欢她。 (　　)

(5) 经过认真考虑，为了适应新环境芳芳决定改变自己。 (　　)

(6) 在新年聚餐时，芳芳已经变成了一个“厨艺达人”，受到了大家的称赞。 (　　)

(7) 泡泡小鱼整天挂在网上，靠网络来解决所有生活问题。 (　　)

(8) 网络让泡泡小鱼的生活更方便，生活空间更广阔。 (　　)

5 写一写

模仿课文，写写你所知道的“生活达人”或者你佩服的一些人是怎么面对生活的。可以写几个句子，也可以写一小段话，写完后跟同学互相交换所写的句子并朗读。

要求 尽量用上本课学过的常用表达式。

常用表达式

1 他们都经历过……，但最终凭借……。

2 刚……的时候……，空闲时就……。

3 慢慢的，他发现……，便试着……。一来二去，……。

4 她从……变成了……。

5 因为……，……对她的态度也由……逐渐变为……。

6 考虑再三……，她决定……。

7 她并不是……，只是……。

8 在她看来，……无所不能，只要……，就可以……。

6 说一说

小组活动。

四人一组，一起去参加“大城小事”体验活动。请你们参照下列提示问题，参加讨论。

(1) 在新的环境中应该用什么样的心态面对生活？请举例说明。
(2) 畅想一下如何才能让自己的新生活更美好，更舒心。
(3) 如果老潘、芳芳、泡泡小鱼也来到了活动现场，你想对他们说什么？

要求 尽量用上刚才练习过的常用表达式。

第7单元

职场风云

任务介绍▶

总有一天学生们要离开校园，走向社会。毕业后找份工作是不是你下一步要做的事情？除此之外，你还有没有其他的选择？当你对自己的工作不满意的时候，跳槽是不是最好的办法？你是否设想过五年后你在哪儿在做什么？

在这个单元中，你要先设想一下自己毕业后的去向，并根据自己的实际情况想一想海外留学或者工作是否适合你，然后一起讨论一下如何看待职场中常见的“跳槽”问题，最后请你为自己的未来五年做一个规划。

第1课 毕业在即

1 热身活动

1. 你想过自己毕业后的去向是什么吗？你有几种考虑？

2. 找工作的方式有哪些？下面列出的这些方式你可能会尝试哪种呢？为什么？

求职方式	尝试	不尝试	原因
1. 自主创业			
2. 靠熟人介绍			
3. 看报刊上的招聘广告			
4. 网上求职			
5. 参加公务员考试			
6. 自荐			
7. 其他			

2 听和说

1 听一听

大学生就业网邀请了几位已经毕业和即将毕业的同学谈谈自己的毕业去向。请听下面的录音。

1. 听录音，边听边在你听到的词语下面画线，并试着理解课文大意。 7-01

经济危机	求职竞争	余波未尽	保送
现实派	一步登天	自主创业	志同道合
洋墨水	国际型人才	朝九晚五	人各有志

2. 听录音，理解下面词语的意思。 7-02

词语

1. 危机	wēijī	名	*crisis*
2. 意味着	yìwèizhe	动	*mean*
3. 恨不得	hènbudé	动	*be dying to*
4. 倒流	dàoliú	动	*turn back*
5. 求职	qiúzhí	动	*apply for a job*
6. 余波	yúbō	名	*aftermath*
7. 形势	xíngshì	名	*situation*
8. 严峻	yánjùn	形	*severe*
9. 保送	bǎosòng	动	*be recommended for admission*
10. 公务员	gōngwùyuán	名	*civil servant*
11. 奢望	shēwàng	动	*expect (something extravagant)*
12. 一步登天	yí bù dēng tiān		*ask for the moon*
13. 底层	dǐcéng	名	*the bottom*
14. 图	tú	动	*pursue*
15. 闯荡	chuǎngdàng	动	*venture out into the world*
16. 在座	zàizuò	动	*those present*
17. 志同道合	zhì tóng dào hé		*like-minded*
18. 墨水	mòshuǐ	名	*learning*
19. 人各有志	rén gè yǒuzhì		*everyone has his own ambition*

3. 再听一遍录音，根据课文内容填表。 7-01

	毕业后的去向
第一个人	
第二个人	
第三个人	

	毕业后的去向
第四个人	
第五个人	
第六个人	

4. 听第三遍录音，判断正误。 7-01

(1) 第一个人因为就业压力大所以曾经不愿意去找工作。 (　　)

(2) 第二个人上了研究生后她的就业问题就解决了。 (　　)

(3) 第三个人毕业后不想再靠父母生活。 (　　)

(4) 第四个人想要找到高学历的合作伙伴。 (　　)

(5) 第五个人毕业后选择留在国外工作。 (　　)

(6) 第六个人的理想是跟爱人一起过稳定的生活。 (　　)

5. 最后听一遍录音，将下列词语与相应的意思连线。 7-01

(1) 时间倒流　　A. 到国外留学

(2) 余波未尽　　B. 每天按时上班，按时下班，工作时间很规律

(3) 一步登天　　C. 回到过去的日子

(4) 志同道合　　D. 过去的影响还没完全消失

(5) 喝点洋墨水　　E. 从很低的地位一下子到了很高的地位

(6) 朝九晚五　　F. 有共同的理想和愿望

2 说一说

1. 双人活动。

课文中的六个年轻人在毕业去向上都做出了怎样的选择？请你和同伴每人介绍三个人的情况。然后说说你认为哪一种选择是你能够接受的？哪种选择你不太能接受？为什么？

要求 尽量用上本课学过的常用表达式。

常用表达式

1 08年经济危机，正好……赶上了。

2 当时我真恨不得……。

3 09年……余波未尽，就业形势……，幸运的是……。

4 现在我即将面临……问题，……。

5 ……，不能还老向家里伸手。

6 ……上我还是有一定优势的，就……先……，慢慢再图发展吧。

7 我打算一毕业就……，趁年轻闯荡闯荡。

8 我计划……，喝点洋墨水。

9 可能的话，……也是不错的选择，争取……。

10 ……都想好了……，朝九晚五。

2. 小组活动。

四人一组，结合课文，根据你的实际情况对毕业生就业问题进行讨论。

(1) 目前，世界各国的年轻人都面临就业的压力，你们国家是不是也存在同样的问题？最近情况怎么样？
(2) 跟课文中几位年轻人的情况比较一下，说说你们国家的年轻人或者你身边的朋友在面临毕业时，一般会做出怎样的选择？他们为什么会做出那样的选择？
(3) 你是否会选择到海外留学或者工作？

要求 尽量用上刚才练习过的常用表达式。

第2课 跳 槽

1 热身活动

1. 工作中，每个人跳槽的原因各不相同，下面哪种情况会让你选择跳槽？

情况	跳槽	不跳槽
听说另一家公司更好，别人跳槽我也跳槽		
我的能力高于现在公司的要求		
对工作环境和人际关系不适应		
在一个地方工作超过三年了		
比同时毕业的同学薪水低		
不知道自己真正适合做什么，换个工作再试试		
跳槽让我有新鲜感		
遇到了可以创业的合作伙伴		

2. 请说说你为什么选择上面某种情况跳槽的理由？

2 课 文 7-03

进入8月，应届高校大学毕业生们逐渐完成了从校园到职场的环境转换，纷纷变身为“职场新人”。然而，在对职场新人进行的一项调查中，当被**问及**“你毕业多久之后更换新工作”时，有23%的人回答在短短半年内就换了工作，在一年内**跳槽**的**占**18.3%，24%的人两年内换工作，只有25%的人毕业后的第一份工作干了超过3年。**数据**表明，当面对职场中种种不如意的**境遇**时，职场新人们往往会**不约而同**地做出一个选择——跳槽。[①]由此可见，职场新人在给企业**注入**了新活力的同时，也带来了许多不**安分**的**气息**。

有着丰富**从业**经验的某跨国公司事业部总经理李响，以自己的亲身经历**告诫**新人们：“迈好职业**生涯**的第一步**尤为**重要。”李响曾[②]从第一线业务代表做起，直至做到公司事业部的总经理。事业发展的每一步都**凝结**着他对工作的热情和**执著**。让很多应届生都不解的是，他不但从未**轻易**选择过跳槽，当初硕士毕业的他，甚至还绕过了工程师这样的**高端岗位**，而从一名最普通的销售员做起。李响认为从**基层**做起，积累下来的**基本功**和相关经验是最宝贵的。这[3]与在办公室**猜测**客户是什么想法，完全不可**同日而语**。"你所向往的工作的真实一面是什么？这是首先要思考的问题。"李响提醒道，"换工作就像换茶杯一样，在外面看不到里面是否有**茶垢**。大公司外表**光鲜**亮丽，可内部的艰辛和努力，不身临其境无法体会。倘若工作本身给你带来不满和压力时，你是可以适当**妥协**的；[4]反之，如果确实找不到工作的价值和方向，那就不要妥协，准备跳槽。**频繁**跳槽会使你之前积累起来的**人脉**、经验、专业知识无法给未来的十年带来太大帮助。"

职场专家指出许多年轻人刚出校园时，由于缺乏工作经验，也缺乏**担当**重任的能力，因此只有经过一段时间的**磨炼**，才能消除**不切实际**的幻想，逐步成长起来。

[5]换个角度看，职场新人们完全可以在"新人期"凭借自己的谦虚好学给同事们留下好印象，为将来事业的发展打下基础，加速适应社会的过程。

词语

1. 问及	wènjí		be asked
2. 跳槽	tiàocáo	动	job-hop
3. 占	zhàn	动	account for
4. 数据	shùjù	名	data
5. 境遇	jìngyù	名	circumstance
6. 不约而同	bù yuē ér tóng		happen to coincide
7. 注入	zhùrù	动	inject
8. 安分	ānfèn	形	calm and secure
9. 气息	qìxī	名	atmosphere
10. 从业	cóngyè	动	take up an occupation
11. 告诫	gàojiè	动	warn
12. 生涯	shēngyá	名	career
13. 尤为	yóuwéi	副	particularly
14. 凝结	níngjié	动	condense
15. 执著	zhízhuó	形	persistent
16. 轻易	qīngyì	副/形	easily; easy
17. 高端	gāoduān	形/名	high-skilled; high end
18. 岗位	gǎngwèi	名	position
19. 基层	jīcéng	名	basic level
20. 基本功	jīběngōng	名	basic skill

7-04

21.	猜测	cāicè	动	speculate	26.	频繁	pínfán	形	frequent
22.	同日而语	tóng rì ér yǔ		in the same breath	27.	人脉	rénmài	名	personal connections
23.	茶垢	chágòu		tea stain	28.	担当	dāndāng	动	take on
24.	光鲜	guāngxiān	形	bright and new	29.	磨炼	móliàn	动	go through trials
25.	妥协	tuǒxié	动	compromise	30.	不切实际	búqiè shíjì		unrealistic

3 语言点

1. ……，由此可见……

表示从前面的情况可以看出，可以得出后面的结论。 ……，由此可见…… indicates that looking from the preceding situation, the following conclusion can be obtained.

(1) 仅仅短时间的地铁停运就造成了西线交通瘫痪，由此可见，地铁在城市交通中的重要性。

(2) 大部分顾客都把安全性能高作为购买汽车的重要因素，由此可见，安全性已经成为汽车最鲜明的特征之一。

(3) 买票来影院观看这部电影的大都是年轻人，由此可见，这部电影更符合年轻观众的欣赏口味。

☞(4) **数据表明，当面对职场中种种不如意的境遇时，职场新人们往往会不约而同地做出一个选择——跳槽。由此可见，职场新人在给企业注入了新活力的同时，也带来了许多不安分的气息。**

练一练

(1) 这种花越浇水死得越快，少量浇水反而长势良好，________________。

(2) 这个新建的小区每天24小时有保安巡逻，每家都安装了防盗门和报警器，________________。

(3) 那么多朋友的电话号码，他都记得清清楚楚，________________。

2. 从……做起

表示做事情的起点，意思是“从……开始做”。 从……做起 expresses performing an action from the beginning, and means 从……开始做 (*start from...*).

(1) 我们怎么对待地球，地球就会怎么对待我们，请记住“保护环境，从我做起。”

(2) 只要你有追求梦想的勇气，那么就从现在做起，从今天做起，一切都不算晚。

(3) 大学毕业生要想尽快适应社会，在新的工作中找到自己的位置，必须从转变观念做起。

☞(4) **李响曾从第一线业务代表做起，直至做到公司事业部的总经理。**

练一练

(1) 要想拥有健康一定要________________，改掉各种不良的生活习惯。

(2) 要想做成大事，必须先________________。

(3) 很多国际大公司都是________________，慢慢成长起来的。

3. 与……（相比）不可同日而语

意思是两者不能同时谈论、无法比较，表示差别很大。与……（相比）不可同日而语 means that the *two things may not be talked of in the same breath, the difference is great.*

(1) 二十年过去了，山村小学校的教学环境有了很大改善，与我们小时候相比不可同日而语。

(2) 经过几代科技人员的努力，电脑技术发展迅猛，如今的电脑与第一代电脑早已不可同日而语。

(3) 我们的结论是经过实地调查研究之后得出的，这与那些自己拍脑袋得出的结论完全不可同日而语。

☞(4) **从基层做起，积累下来的基本功和相关经验是最宝贵的。这与在办公室猜测客户是什么想法，完全不可同日而语。**

练一练

(1) 当年的小伙子如今也已步入老年，__________________________。

(2) 经过四年音乐学院的专业学习和训练之后，__________________________。

(3) 现在人们带的手表大部分都是机器制造的，这__________________________。

4. 反之

连词，表示从相反的方面说，引出跟上文相反的另一层意思。反之 is a *conjunction*, meaning *to talk from the opposite side*, leading to an opposite meaning from the preceding text.

(1) 新车购买后，只要好好保养就能延长使用寿命，反之会缩短寿命。

(2) 一般来说，企业的发展稳定，工资待遇好，员工就会比较安心工作；反之，就可能不断有员工跳槽。

(3) 在适宜的空气、土壤、水条件下，植物就会顺利成活、生长；反之，缺少了其中任何一个因素，植物很可能会在短时间内死掉。

☞(4) **倘若工作本身给你带来不满和压力时，你是可以适当妥协的；反之，如果确实找不到工作的价值和方向，那就不要妥协，准备跳槽。**

练一练

(1) 做事情的方法很重要，方法得当往往提高效率，__________________________。

(2) 主张在大城市中修建地铁的人认为这样做可以有效缓解城市交通拥堵问题，______________。

(3) 一般来说，思维是有规律的，符合规律才是正确的，__________________________。

5. ……，换个角度看，……

表示从另外一个方面，换一种思路来考虑某个问题。……，换个角度看，... means *consider from another aspect, change a way of thinking to consider a problem.*

(1) 人生中难免会遇到各种各样的不顺利，换个角度看，这也是一笔宝贵的精神财富，它丰富了我们的人生阅历。

(2) 有的人离开家，一个人出国留学总抱怨孤独和寂寞，换个角度看，在新环境中结识新朋友的可能性不是更大吗？

(3) 你的论文选题确实从来没人写过，难度比较大，换个角度看，这正是你有可能创新的机会啊。

☞(4) **职场新人当然在很多方面还不成熟，<u>换个角度看</u>，他们完全可以在“新人期”凭借自己的谦虚好学给同事们留下好印象，为将来事业的发展打下基础。**

练一练

(1) 你总说妈妈的唠叨让人受不了，________________。

(2) 别总是对自己的容貌感到不满，________________。

(3) 遇到问题时别总是沿着一个方向考虑，________________。

4 读一读

1. 读课文，选择正确答案。

(1) 下列哪个词语不是刚毕业的大学生可能具有的特征？

A. 有活力

B. 不安分

C. 担当重任

D. 谦虚好学

(2) 大约有多少职场新人不到一年就跳槽了？

A. 23%

B. 41%

C. 18.3%

D. 24%

(3) 李响对待自己的工作是怎么样的？

A. 对工作热情而执著

B. 从不向工作中的不满和压力妥协

C. 能迅速适应工作

D. 开始工作时跳过槽

(4) 下面哪句话与本文的意思不符？

A. 职场新人爱“跳槽”

B. 迈好职业生涯的第一步

C. 李响的职场经历对新人们没有帮助

D. 职场新人应加速适应社会的过程

2. 读课文，用给出的词语回答问题。

(1) 关于跳槽问题的调查说明了什么？（数据、境遇、不约而同、由此可见）

(2) 李响的经历为什么让很多应届生都不解？（从……做起、轻易、高端）

(3) 李响认为从基层做起有什么好处？（基本功、宝贵、猜测、不可同日而语）

(4) 为什么李响说“换工作就像换茶杯一样”？（外表、内部、身临其境）

(5) 职场专家认为许多刚毕业的年轻人都存在什么问题？（缺乏、担当、磨炼、消除）

5 说一说

1. 双人活动。

下面是2009年应届大学毕业生就业情况调查报告中的两个统计表，请你描述一下表格中的内容。

要求 尽量用上本课学的常用表达式。

你对就业形势有什么看法?	
一般	50.3%
乐观	39.2%
悲观	10.5%

你对自己想要进入的行业的前景了解吗?	
没有研究过	52%
曾经向业内人士咨询过	27.4%
认为自己进入的行业是个热门行业，前景乐观	19%
其他	1.6%

常用表达式

1 当被问及……时，有……的人回答……，……的人占……，只有……的人……。

2 相关数据表明，……。

3 ……，由此可见，……。

4 ……尤为重要。

5 从……做起，……是最宝贵的。

6 ……，这与……，完全不可同日而语。

7 ……，这是首先要思考的问题。

8 倘若工作……，反之，如果……。

9 换个角度看，职场新人们完全可以……。

2. 小组活动。

四人一组，分为正反两方辩论，请就下面给出的两个实例进行辩论，一方支持跳槽，一方反对跳槽。

要求 尽量用上刚才练习过的常用表达式。

实例一： 小蔡大学毕业进入了南京一家轻纺（textile）企业做营销经理助理。别看名头好听，其实基本上就是在车间选布料、剪布料，做的都是最底层的活儿。工作一年后，她仍然还在车间里干，这让小蔡开始有些焦急。和她一起进来的一个同事已经被调走做营销了，虽然换了几个经理，可她的工作还是老样子，除了把布剪得更规整一些、对长度面积更有把握一些，她觉得自己没什么进步！

实例二： 和很多同学相比，小程的第一份工作找得还算不错，在一家中外合资企业当文员（clerk）。但上了几个月班，她发现自己在干好本职工作之外还多了一项任务——办公室所有人的复印工作。刚开始，小程觉得新人应该多做一些，但慢慢心里开始不平衡，“大家应该是平等的啊，我不能永远为你们做这些杂事吧？”

第3课 五年以后

1 热身活动

1. 回答下面两个问题，并对全班同学的答案做个统计。

(1) 大学期间，你是否做过职业规划？

A. 只有模糊的想法和愿望

B. 有3—5年的职业规划

C. 没想过

(2) 你开始实施自己的职业“规划”了吗？

A. 已经实施　　B. 部分实施　　C. 没有

2. 对于未来的工作，请将下列因素按你看重的程度从高到低排序，并简单说说为什么这样排序。

A. 工资　　B. 自我价值的实现　　C. 继续深造和培训的机会　　D. 兴趣爱好

E. 专业适合　　F. 国家和社会需要　　G. 社会地位

2 课 文

7-05

19岁那年，未来在我脑海中还是一片**茫然**。我在大学**主修**计算机专业，同时在一家国家级实验室里打工，**待遇优厚**，是个标准的**有为**青年。但我心中只有音乐，空闲时间全给了音乐创作，只是作为学生和打工族的我对音乐界和唱片市场还没有什么概念。那时，我认识了一位朋友，同样十九岁的艾美，她擅长写歌词，我们俩一起搞创作。艾美**为人**朴实、待人**诚恳**，虽是同龄人，她却**见多识广**，**外人**绝对看不出她来自一个极为富有的家庭，拥有**庞大**的**牧场**。艾美了解我对音乐的执著，她深知[①]纵然让我抛弃现有的一切，我也绝不肯远离音乐。

一个周六，我被邀请去牧场吃烤肉，**席间**她突然**冒出**一句话：“告诉我，五年后你‘最希望’自己在做什么？那个时候你的生活是什么样子？”我愣住了，**沉思**了几分钟说：“五年后我希望能发行一张广受欢迎的唱片，而且得到众人的肯定，我要住在一个充满音乐的地方，跟世界一**流**的乐师**共事**。”“如果你确定了，我们就该把这个目标倒推回来。”艾美说。我一脸不解地望着她。“如果第五年你要发行唱片，那么第四年一定要跟唱片公司**签约**；第三年你要有一张完整的作品集，可以给很多唱片公司试听；第二年你要有很棒的作品开始录音；也就是说，你第一年就要完成所有作品的编曲。”艾美解释道。

“再往回**推**，第六个月你就要把那些尚未完成的作品修改好，再进行**筛选**；第一个月就要把目前这几首曲子完成；第一个礼拜就要先列出一个清单，看看哪些歌曲需要修改，哪些可以完工。你看，我们已经知道下个星期一要做什么了。”艾美笑笑说。

“噢，对了。你还说五年后要生活在一个充满音乐的地方，与许多一流乐师在一起工作，对吗？”她急忙补充说。“如果是这样，第四年**照理**你应该有个个人工作室；第三年可以先跟这个圈子里的人一起合作；第二年你应该不是住在这儿，而是在纽约或者洛杉矶了。”

次年，我真的辞掉了令人羡慕的工作，搬到了洛杉矶。②说来也怪，不敢说是恰好五年，但大约是在第六年，我的唱片在亚洲开始**畅销**起来，我整天忙着与一些**顶尖**的音乐高手日出日落地工作着。每当感到困难的时候，我会静下来问自己：五年后你“最希望”自己在做什么？

词语

1. 茫然	mángrán	形	*in the dark*
2. 主修	zhǔxiū		*major in*
3. 待遇	dàiyù	名	*remuneration*
4. 优厚	yōuhòu	形	*well-paid*
5. 有为	yǒuwéi	动	*make a success*
6. 为人	wéirén	名/动	*behavior; conduct oneself*
7. 诚恳	chéngkěn	形	*sincere*
8. 见多识广	jiànduō shíguǎng		*knowledgeable*
9. 外人	wàirén	名	*stranger*
10. 庞大	pángdà	形	*enormous*
11. 牧场	mùchǎng	名	*ranch*
12. 席间	xíjiān		*during the meal*
13. 冒出	màochū		*blurt out*
14. 沉思	chénsī	动	*ponder*

7-06

15. 一流	yīliú	形	*first-class*	20. 照理	zhàolǐ	副	*logically*
16. 共事	gòngshì	动	*work with*	21. 畅销	chàngxiāo	动	*be in great demand*
17. 签约	qiānyuē	动	*sign a contract*	22. 顶尖	dǐngjiān	形	*top*
18. 推	tuī	动	*push*				
19. 筛选	shāixuǎn	动	*filter*				

3 语言点

1. 纵然……也/都……

表示假设和让步关系，相当于“即使”，常用于书面语。纵然……也/都…… expresses the assumptions and concessions, and is equivalent to 即使 (even though). It is usually used in written language.

(1) 纵然世界都不存在了，我对你的爱也不会改变。

(2) 纵然有再多再大的灾难，也挡不住人民群众战胜困难的决心。

(3) 一个新的科学理论在诞生之初常会受到怀疑，纵然如此，科学家们也不会停止探索的脚步。

☞ (4) **她深知纵然让我抛弃现有的一切，我也绝不肯远离音乐。**

练一练

(1) 纵然遭到所有人的反对，____________________。

(2) ____________________，如果你不具备实力，我也无法让你负责这项任务。

(3) 人的幸福感主要来自内心，而一个内心空虚的人，____________________。

比较 纵然/尽管

“纵然”后面的情况是假设性的；“尽管”后面的情况是一种事实。“纵然”常跟“也/都”搭配使用；“尽管”常跟“但是/可是”搭配使用。The situation following 纵然 is hypothetical in nature, while that following 尽管 is real. 纵然 is often used with 也/都, while 尽管 is often used with 但是/可是.

(1) 尽管遇到了狂风大雨，海面上辨不清方向，但是小船最终还是到达了目的地。

(2) 尽管经济上还面临着很大的困难，可是我们还是有信心能度过这次经济危机。

2. 说来也怪……

表示将要说明的内容让人感到意外、惊奇。说来也怪…… indicates that the content to be explained will make people feel surprised or astonished.

(1) 说来也怪，那么久没浇水，这盆花居然还好好地活着，而且还要开花了。

(2) A：说来也怪，以前一打电话她就说个不停，最近怎么没话说了呢？

B：是不是你惹她生气了？

(3) 说来也怪，这阵子我总是梦见一个人，可是这人我以前从来没有见过。

☞ (4) **说来也怪，不敢说是恰好五年，但大约是在第六年，我的唱片在亚洲开始畅销起来。**

练一练

(1) 大夫：你有什么不舒服的吗？

病人：________________。

(2) A：小王和小张不是总意见不一致吗？这次是怎么了？

B：________________。

(3) 刚才我还一直很紧张，________________。

4 读一读

1. 快速阅读课文，每个问题用不超过三个词语简要回答。

问　题	回　答
1. 19岁时“我”是怎么考虑未来的？	
2. 艾美是个怎样的人？	
3. 当艾美问“我”问题时，“我”有什么反应？	
4. 艾美用什么办法帮助“我”设计未来五年的职业规划？	

2. 读课文，判断正误。

(1) 在学习和工作之余，“我”专心搞音乐创作。（　）

(2) 我对自己的未来发展有很清晰的规划。（　）

(3) 由于艾美有良好的家庭背景，“我”请她帮“我”做未来五年的规划。（　）

(4) 为了能发行一张受欢迎的唱片，“我”首先得跟一家唱片公司签约。（　）

(5) 下个星期“我”应该先列出一个清单，看看哪些歌曲需要修改，哪些可以完工。（　）

(6) “我”的五年规划都一一实现了。（　）

5 写一写

关于现在和未来五年的生活，你有什么考虑？如果有人问你这样的问题：“五年后你‘最希望’自己在做什么？那个时候你的生活是什么样子？”你怎么回答？请你给自己或者一位朋友做一个简单的未来五年规划。可以写几个句子，也可以写一小段话，写完后跟同学互相交换所写的句子并朗读。

要求 尽量用上本课学过的常用表达式。

常用表达式

1 未来在我脑海中……。

2 纵然……，我也……。

3 ……为人……，外人绝对看不出……。

4 五年后我希望能……，而且……。

5 我要住在……，跟……共事。

6 ……，也就是说，……。

7 ……把这个目标倒推回来，……。

8 如果你的第五年……，那么第四年照理应该……。

9 说也奇怪，不敢说是……，但……。

____

____

____

____

____

6 说一说

小组活动。

课文中作者的未来五年规划之所以实现了，有三个重要的因素：

1. 他为了从事自己喜欢的事业——音乐，非常努力。
2. 他遇到一位了解他的朋友，朋友用“倒推”的方法帮助茫然中的他设计未来五年的职业规划。
3. 他按照五年规划，一步一步去实现自己的目标。

四人一组，讨论一下，这样的故事是否可能发生在你周围的人身上？是否可能发生在你身上？如果可能，说说为什么？如果不可能，也请你说说原因是什么？

要求 尽量用上刚才练习过的常用表达式。

第8单元

太空技术与生活

任务介绍▶

自古以来，飞天就是人类的伟大梦想。近些年，随着航天技术的不断发展，人类遨游太空的梦想变成现实。人类对太空的开发和利用给地球上的日常生活带来了哪些影响呢？

在这个单元，你要走近太空蔬果，了解太空育种，弄清太空蔬果与普通蔬果的区别，并说明你对食用太空蔬果的立场；另外，你要了解太空旅行的前前后后，并向同学们表明你对太空之旅的态度；最后，你还要联系一些已经民用化了的太空科技，谈谈太空技术对人类日常生活的重要影响。

第1课 太空蔬果

1 热身活动

1. 请你看看下面的三幅图，你发现这三幅图里的黄瓜、南瓜和茄子有什么特点？在你们当地的超市或者商店里，你看到过这样的黄瓜、南瓜和茄子吗？然后请你跟同学们讨论一下，它们长成这个样子的原因可能是什么。

2. 请看下面这幅图，你知道它代表什么吗？请结合你所了解的生物学知识，跟同学们讨论一下，这两条长链上的东西发生变化以后会对生物的后代产生什么样的影响？

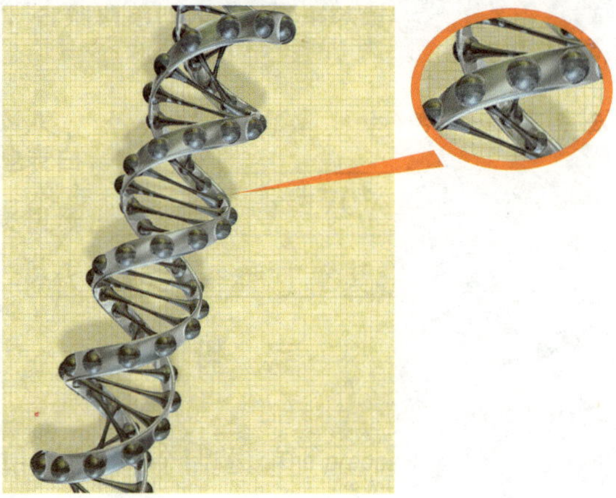

2 听和说

太空蔬果逐渐走进人们的生活，走上人们的餐桌。对于太空蔬果，很多人还心存疑虑。食用太空蔬果到底是利大于弊还是弊大于利，至今仍然争论不断。你经常会在电视上或者广播中听到有关这方面的报道。

1 听一听

1. 听录音，理解下面词语的意思。 8-01

词语

1. 太空	tàikōng	名	*outer space*	7. 物质	wùzhì	名	*substance*
2. 丝瓜	sīguā	名	*loofah*	9. 碘	diǎn	名	*iodine*
3. 豆角	dòujiǎo	名	*kidney bean*	8. 硒	xī	名	*selenium*
4. 大幅	dàfú		*significantly*	10. 番茄红素	fānqiéhóngsù	名	*lycopene*
5. 紫红薯	zǐhóngshǔ	名	*purple sweet potato*	11. 提取	tíqǔ	动	*extract*
6. 抗癌	kàng'ái		*cancer prevention*	12. 保健品	bǎojiànpǐn	名	*healthcare product*

2. 听录音，判断正误。 8-02

(1) 人们现在能吃到越来越多的太空蔬果。 (　　)

(2) 每个太空南瓜都有足球那么大。 (　　)

(3) 太空蔬果因为形状怪、重量大，所以营养含量高。 (　　)

(4) 太空西瓜比普通的西瓜含糖度高，所以更甜。 (　　)

(5) 太空蔬果中都含有大量的抗癌物质。 (　　)

3. 再听一遍录音，选择正确的答案。 8-02

(1) 一个太空南瓜大概有多重？

A. 1斤

B. 40斤

C. 80斤

D. 120斤

(2) 太空豆角的什么含量比较高？

A. 糖

B. 维C

C. 碘

D. 硒

(3) 为什么太空西瓜比普通西瓜更甜？

A. 含糖度高

B. 维C含量高

C. 碘硒含量高

D. 番茄红素含量高

(4) 多吃哪种太空蔬果可以防癌、抗癌？

A. 太空丝瓜

B. 太空南瓜

C. 太空西红柿

D. 太空茄子

(5) 下列哪项不是所有太空蔬果的特点？

A. 形状怪

B. 重量大

C. 能抗癌

D. 营养多

2 听一听

1. 听录音，边听边在你听到的词语下面画线，并试着理解课文大意。 8-03

航天器　　太空辐射　　遗传物质　　基因变异

一代产品　　筛选

2. 听录音，理解下列词语的意思。 8-04

词语

1. 航天器	hángtiānqì	名	*space craft*	7. 培育	péiyù	动	*cultivate*
2. 辐射	fúshè	动	*radiate*	8. 变异	biànyì	动	*variate*
3. 微重力	wēizhònglì	名	*micro-gravity*	9. 播种	bōzhòng	动	*sow by seeding*
4. 基因	jīyīn	名	*gene*	10. 代	dài	名	*generation*
5. 遗传	yíchuán	动	*heredity*	11. 稳定	wěndìng	形	*stable*
6. 形态各异	xíngtài gèyì		*various shapes and sizes*				

3. 再听一遍录音，判断正误。8-03

(1) 太空蔬果是由太空种子培育出来的蔬菜和水果。（ ）

(2) 太空辐射和微重力等会造成种子的基因发生变化。（ ）

(3) 人们不敢食用太空蔬果是因为它形态上比较怪。（ ）

(4) 太空种子播种后生长出来的蔬果可以直接投放市场。（ ）

(5) 人们在超市内可以买到的太空蔬果都不是一代产品。（ ）

3 说一说

1. 双人活动。

假设其中一位同学是记者，另一位同学是太空蔬果的培育专家。记者在某个农产品展览会上看到了形态各异的太空蔬果，对此进行报道，并就太空蔬果的培育问题向专家进行采访。根据所听到的信息，来完成角色扮演的任务。

要求 尽量用上本课学过的常用表达式。

常用表达式

1 说到……，人们首先想到的就是……。

2 除了……和……，……也大幅提高。

3 和……相比，……。

4 ……比……高出……倍。

5 从……中提取对……有益的成分。

6 说到……，这还要从……说起。

7 ……受到……影响以后，……发生变化，……也随之发生改变。

8 ……就是由……培育出来的。

9 对……进行筛选和研究，等……稳定下来以后才会……。

10 当……时，大可不必……。

2. 小组活动。

四人一组，互相讨论以下问题：

(1) 根据课文，在“茄子、西瓜、南瓜、豆角、苹果、香蕉、橘子、草莓、西红柿、白菜、土豆”这些蔬果品种中，哪些蔬果通过太空育种以后成功培育出了太空新品种？

(2) 在你们当地，这些太空蔬果是否已经走进了超市、商店，走上了人们的餐桌？而人们对食用太空蔬果的态度又如何呢？

(3) 面对形态各异的太空蔬果，你敢不敢吃？请你跟同学们交流一下，说明自己的理由。

要求 尽量用上刚才练习过的常用表达式。

第2课 人类旅游的下一站——太空

1 热身活动

1. 请你看看下面两幅图，你知道它们的名字用中文怎么说吗？人类利用它们可以达成什么目的？

2. 请看下面的两幅图，你知道他们在哪儿吗？在那里，人们需要哪些特殊的防护措施？跟在地球上相比，身处太空的人会有哪些不同的感受？

2 课 文

8-05

太空游

在几千年的历史长河中，人类[1]出于对**神秘**太空的美好想象，**编织**了一个又一个飞天的传说，而现代人更是把太空作为旅游目的地的下一站。然而，实现太空游的梦想**并非**易事，其2000万美元的花费就不是普通民众所能**承受**的。因此，[2]到目前为止，进入**国际空间站**完成太空**奇幻**之旅的游客可谓**凤毛麟角**，仅有的几位也都是**名副其实**的超级富翁。

不过，不管是谁，想去太空游一**遭**，都得接受严格的训练，再有钱也不能**例外**。人类首位太空游客美国富翁蒂托和第二位太空游客南非富翁马克·沙特尔沃思都曾**讲述**过他们飞行前的训练生活。每天身穿太空服在**模拟舱**中反复行走，**机械**地重复同一个动作，同时还要学会**操纵**航天飞机上的各种**设备**。另外，还要锻炼**臂力**，练习头重脚轻的睡觉**姿势**等。除了这些特殊训练以外，[3]自有了游太空的念头之日起，每天还要坚持好几个小时的体育锻炼。

[4]为保险起见，训练结束时，要经过严格检查并达到飞行标准后，太空游客才能坐上航天飞机升入太空。人类第三位太空游客，美国富翁奥尔森曾回忆说，“当感觉**运载火箭**离开了地面，我立刻就感到无比轻松和兴奋。”而空间站内的体验，更是让奥尔森十分享受。“从空间站往外看，能从大约370多公里的高空看到地球，感觉**美妙**极了。”人类第四位太空游客，也是首位太空女游客，伊朗**裔**美国人阿努谢赫·安萨里也对从空间站**眺望**地球印象深刻，她说：“最美妙的一刻是我第一次看见地球，它在黑暗背景的**衬托**下，显得**格外**美丽和宁静。”听到他们的话，人们不禁感慨，此景只能天上有。难怪富翁们[5]不惜花大价钱，冒大**风险**也要争着来

一趟太空游。

太空游一般为期10天左右，当离开空间站，返回地球时，回程对太空游客也是一大挑战。飞船在进入**大气层**时**急剧**减速，时速从825公里/小时左右减到约290公里/小时，这会使人感受到极大的**地心引力**。对在**失重**环境中生活了一段时间的太空游客来说，这种痛苦尤为剧烈。而重返地球后，安萨里的感受——两腿发沉、全身**沉重**、行走不便——是每个太空游客的真实体验。

尽管太空游风险很大，但是**星光熠熠**的太空永远都是人们梦想到达的旅途**驿站**。由此，我们就不难理解人类第五位太空游客美国人查尔斯·西蒙尼为什么先后两次前往国际空间站了。

词语

8-06

1. 神秘	shénmì	形	*mysterious*
2. 编织	biānzhī	动	*weave*
3. 并非	bìngfēi	副	*really not*
4. 承受	chéngshòu	动	*withstand*
5. 国际空间站	guójì kōngjiānzhàn		*international space station*
6. 奇幻	qíhuàn	形	*fantastic*
7. 凤毛麟角	fèng máo lín jiǎo		*few and far between*
8. 名副其实	míng fù qí shí		*name matches the reality*
9. 遭	zāo	量	*time*
10. 例外	lìwài	动/名	*make an exception; exception*
11. 讲述	jiǎngshù	动	*give an account of*
12. 模拟舱	mónǐcāng	名	*simulation chamber*
13. 机械	jīxiè	名	*machine*
14. 操纵	cāozòng	动	*manipulate*
15. 设备	shèbèi	名	*equipment*
16. 臂力	bìlì	名	*arm strength*
17. 姿势	zīshì	名	*posture*
18. 运载火箭	yùnzài huǒjiàn	名	*launch vehicle*
19. 美妙	měimiào	形	*wonderful*
20. 裔	yì	名	*origin*
21. 眺望	tiàowàng	动	*look into the distance from a high place*
22. 衬托	chèntuō	动	*set off*
23. 格外	géwài	副	*particularly*
24. 风险	fēngxiǎn	名	*risk*
25. 大气层	dàqìcéng	名	*atmosphere*
26. 急剧	jíjù	形	*sudden; sharp*
27. 地心引力	dìxīn yǐnlì		*gravity*
28. 失重	shīzhòng	动	*weightlessness*
29. 沉重	chénzhòng	形	*heavy*
30. 星光熠熠	xīngguāng yìyì		*star-studded*
31. 驿站	yìzhàn	名	*posthouse*

专有名词

蒂托	Dìtuō	*Dennis Tito*
马克·沙特尔沃思	Mǎkè Shātè'ěrwòsī	*Mark Shuttleworth*
奥尔森	Ào'ěrsēn	*Greg Olsen*
阿努谢赫·安萨里	Ānǔxièhè Ānsàlǐ	*Anousheh Ansari*
查尔斯·西蒙尼	Chá'ěrsī Xīméngní	*Charles Simonyi*

3 语言点

1. 出于

表示从某个角度来说明做事情的原因。出于 indicates the reason for doing something from a certain perspective.

(1) 出于安全考虑，很多家长都亲自接送孩子上下学。

(2) 她之所以认真地对待每场比赛，是出于对对手的尊重。

(3) 出于对这笔生意的重视，从没喝过酒的女经理跟对方公司的经理干了一杯。

☞(4) **人类出于对神秘太空的美好想象，编织了一个又一个飞天的传说。**

练一练

(1) 航天部门之所以要求太空游客飞行前要进行严格的训练正是________________。

(2) ________________，人们对食用太空蔬果还心存疑虑。

(3) ________________，很多公园或者旅游区都免费向老年人开放。

2. 到……为止

表示时间或者进度到某个时刻终止。到……为止 means *a time or schedule has reached an end at a certain time point.*

(1) 到目前为止，我们已经收到社会各界的捐款达数十万元。

(2) 到今天为止，你已经连续缺席了三次部门经理会议。

(3) 到昨天下班时间为止，报名参加此次汉语演讲比赛的选手已超过一百人。

☞(4) **到目前为止，进入国际空间站完成太空奇幻之旅的游客可谓凤毛麟角，仅有的几位也都是名副其实的超级富翁。**

练一练

(1) ________________，两位台球高手已经交过十次手，每人各赢了五次。

(2) ________________，同学们已经掌握了大概3000个汉语生词。

(3) ________________，新开张的中餐馆已经吸引了众多当地华人前来就餐。

3. 自……之日起

表示从某个时间开始，后面常加开始做什么。自……之日起 indicates starting from a certain time, which is often followed by the action.

(1) 这个通知自公布之日起开始实行。

(2) 自取得驾驶证之日起，新驾驶员要进入为期12个月的实习期。

(3) 自奥运会申办成功之日起，社会各界人士就开始为奥运做准备。

☞(4) **除了这些特殊训练以外，自有了游太空的念头之日起，每天还要坚持好几个小时的体育锻炼。**

练一练

(1) ________________，学校实行了新的校园行车规定。

(2) 同学们，________________，你们就成了名副其实的社会人，要在社会上承担起你们的责任。

(3) 这种癌症发病速度非常快，________________，一般不超过三个月病人就会死亡。

4. 为……起见

表示要达到的某种目的，后边常加具体的做法。为……起见 indicates a particular aim to be achieved, it is often followed by the specific course of action.

(1) 为安全起见，你必须系好安全带。

(2) 这次飞行，为顺利起见，大家做了大量的准备工作。

(3) 为健康起见，每年一次的体检还是必不可少的。

☞(4) **为保险起见，训练结束时，要经过严格检查并达到飞行标准后，太空游客才能坐上航天飞机升入太空。**

练一练

(1) ________________，汽车司机一定不要酒后开车。

(2) ________________，长时间外出不在家时，要关好门窗，检查好水电。

(3) 大夫们要对检查结果进行反复研究后才能确诊，这都是________________。

5. 不惜

动词，表示不顾惜，舍得。后边常加动词，表示舍得这样做。不惜 is a *verb*, indicating not value or be willing to sacrifice. It is often followed by a verb, meaning willing to do in this way.

(1) 为了给重病在身的老父亲治病，小李不惜跑遍全城，寻医问药。

(2) 她之所以在这么短的时间内成为网球高手，是因为她不惜花大价钱请了著名的网球教练，手把手地教她打网球。

(3) 小王家境贫寒，可是父母非常支持他继续深造，不惜卖掉家里一切值钱的东西供他出国留学。

☞(4) **富翁们不惜花大价钱，冒大风险也要争着来一趟太空游。**

练一练

(1) 航天员的训练十分艰苦，可是为了完成飞天的梦想，他们________________。

(2) 为了能够跟心爱的人在一起，她________________。

(3) 公司总经理说了，这次跟你们的合作一定要取得成功，________________。

4 读一读

1. 读课文，用给出的词语回答问题。

(1) 古代人和现代人对太空的态度有什么区别？（出于、编织、传说、目的地、下一站）

(2) 进入国际空间站，达成太空游的都是些什么人？（到……为止、凤毛麟角、名副其实）

(3) 游太空之前，游客要做哪些训练？（反复、机械、操纵、头重脚轻、体育锻炼）

(4) 奥尔森和安萨里进入空间站后眺望地球时有什么感受？（美妙、衬托、显得、格外）

(5) 为什么说太空游的回程对游客也是挑战？（急剧、时速、地心引力、尤为、剧烈）

2. 读课文，根据课文内容，完成连线。

(1) 第一位太空游客	A. 安萨里	a. 美国人
(2) 第二位太空游客	B. 西蒙尼	b. 南非人
(3) 第三位太空游客	C. 蒂托	c. 美国人
(4) 第四位太空游客	D. 奥尔森	d. 伊朗裔美国人
(5) 第五位太空游客	E. 沙特尔沃思	e. 美国人

5 说一说

1. 双人活动。

根据课文中有关太空游的具体介绍，结合下面表格中内容的提示，两个人互相介绍一下太空游之前要做什么准备工作？进入国际空间站以后的具体感受怎么样？从太空返回地球以后的体验如何？

飞行之前的准备工作	模拟舱、太空服、航天飞机、设备、睡觉姿势
进入空间站之后的感受	轻松、兴奋、美妙、美丽、宁静
返回地球之后的体验	减速、地心引力、沉重

2. 小组活动。

四人一组，互相讨论一下以下问题：

(1) 如果你是一个超级富翁，那么你会不会花大价钱来一次太空之旅呢？

(2) 你想进行太空游的主要原因是什么？

(3) 你会为了达成太空之旅，事先做些什么准备？

(4) 如果你的太空之旅真的可以成行的话，那么当你进入国际空间站以后，你最想做的事情是什么？

要求 尽量用本课学过的常用表达式。

常用表达式

1 出于对……的……，我……。

2 实现……并非易事，……就不是……所能承受的。

3 不管……，都……，再……也……。

4 除了……以外，自……之日起，每天还要……。

5 为……起见，……经过……并达到……标准后，才可以……。

6 ……对……印象深刻。

7 地球在……衬托下，……显得……。

8 ……不惜……也要……。

9 当……时，……对……是一大挑战。

10 尽管……，但是……永远都是……。由此，我们就不难理解……。

第3课 航天技术民用化

1 热身活动

1. 请你看看下面这幅图。这个装在汽车内的设备是什么？开车的时候，它有什么作用？除了能在汽车里看到它，在别的什么地方还可以用这个设备？

2. 请你看看下面这幅图。你知道航天员手里拿着的是什么吗？他们飞向太空时，为什么要带上这个东西？而现如今，这个东西主要是给谁用呢？

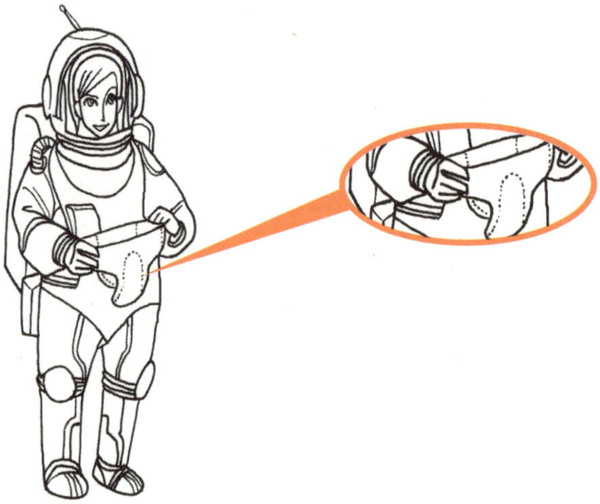

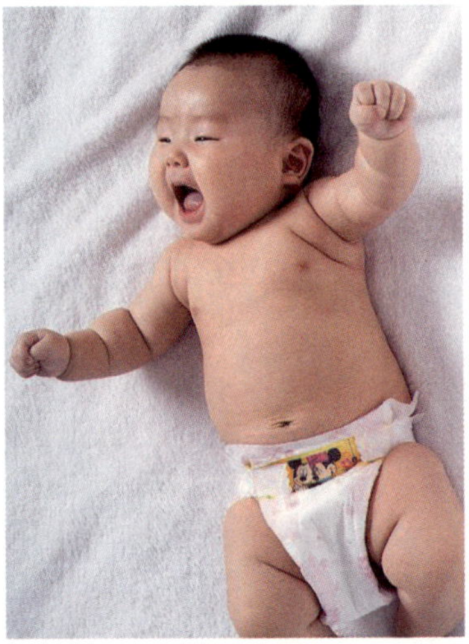

2 课 文 8-07

数码相机

小巧玲珑的数码相机是人们出游时必备的物品。①一来它个头小，**携带**方便；二来它满足了人们随看随拍的愿望，而且**画质**清晰。然而，数码相机最早是被“阿波罗”登月飞船上的航天员用来**拍摄**月球照片的。尽管那时数码相机的**分辨率**不到30万**像素**，但图像却能通过**卫星**系统顺利传回地面。后来商业公司对它进行**民用**化研究。如今数码相机已经走入**千家万户**，②以致人们都忘了它最初的功用。

全球定位系统

当你开车迷路时，当你分不清东南西北时，当有人问路，你却无法提供帮助时，全球定位系统（GPS）可以帮你忙。GPS导航技术已经应用在大多数**智能**手机中，你可以在手机地图中轻松找到现在所处的位置，跟着**导航**走，就能顺利到达目的地。不过，GPS最初是为陆、海、空三军提供实时、全天候和全球性的导航服务的。后来，这项技术运用到了现实生活中，给人们带来了极大的方便。

烟雾探测器

无论是宾馆房间、办公写字楼、还是商店超市，只要你注意观察，都会在天花板上发现一个小圆盒子，而且它还一闪一闪地亮着红光，它就是烟雾探测器。当室内发生火灾时，它会发出**警报**。不过烟雾探测器最早是安装在太空实验室内的，它是一种**典型**的由太空**消防措施**转为民用的设备。

纸尿裤

纸尿裤，**俗称**尿不湿，名副其实，属于一次性用品，用完就扔掉，让年轻的父母少了洗尿布的麻烦。不过，最初被发明出来可不是给**婴儿**使用的，而是为了解决航天员长时间乘坐航天飞机或者太空行走时的**内急**问题。

词语

8-08

1. 小巧玲珑	xiǎoqiǎo línglóng		*small and exquisite*
2. 携带	xiédài	动	*carry*
3. 画质	huàzhì	名	*image quality*
4. 拍摄	pāishè	动	*shoot (a picture)*
5. 分辨率	fēnbiànlǜ	名	*resolution*
6. 像素	xiàngsù	名	*pixel*
7. 卫星	wèixīng	名	*satellite*
8. 民用	mínyòng	形	*civil*
9. 千家万户	qiānjiā wànhù		*every household*
10. 智能	zhìnéng	名	*smart*
11. 导航	dǎoháng	动	*navigate*
12. 烟雾探测器	yānwù tàncèqì	名	*smoke detector*
13. 警报	jǐngbào	名	*warning alarm*
14. 典型	diǎnxíng	形/名	*typical; model*
15. 消防	xiāofáng	名	*firefighting*
16. 措施	cuòshī	名	*measure*
17. 俗称	súchēng	动	*commonly known as*
18. 婴儿	yīng'ér	名	*baby*
19. 内急	nèijí	动	*want to go to the toilet badly*

专有名词

“阿波罗”登月飞船 “Ābōluó” dēngyuè fēichuán *“Apollo” Lunar Landing Spacecraft*

3 语言点

1. 一来……，二来……

表示从两方面进行说明。一来……，二来…… expresses a description from two aspects.

(1) 饭馆服务员说的话我听起来很费劲，一来我的汉语水平不够高，二来他们说话有口音。

(2) 一来我住得比较远，太晚回家不方便；二来我身体也不太好，晚上的聚会我就不参加了。

(3) 太空游越来越热，一来人类一直有个飞天梦，谁都想去太空看看；二来现在的航天技术很成熟，安全有保证。

☞(4) **小巧玲珑的数码相机是人们出游时必备的物品。一来它个头小，携带方便；二来它满足了人们随看随拍的愿望，而且画质清晰。**

练一练

(1) 我们还是坐地铁去吧，____________________________。

(2) 我选择去北京学汉语的原因很简单，____________________________。

(3) 小李打算大学毕业后出国去留学，____________________________。

2. ……，以致……

表示由于前面说明的原因，形成了后面的结果，而结果一般是不好的或者说话人不希望的。……，以致…… indicates that the subsequent results are due to the aforementioned reasons. In addition, the result is usually bad, or the speaker is not hopeful to see.

(1) 她之前没有做好准备工作，以致影响了工作的进程。

(2) 她常年坐在电脑前工作，再加上爱吃甜食，以致身体发胖，还出现了健康问题。

(3) 这次考试一来没有好好儿复习，二来答题时不够认真，以致我的成绩大幅下降。

☞(4) **如今数码相机已经走入千家万户，以致人们都忘了它最初的功用。**

练一练

(1) 她忙得好几天没有吃饭了，________________。

(2) 这次相见之前，父女俩十多年没有见过面了，________________。

(3) 大卫刚到北京的时候对当地的饭菜很不适应，________________，去了好几次医院。

比较 以致/以至

① “以致”和“以至”均为连词，用于后一小句的开头，表示因为前面提到的原因而导致了后面的结果。以致 and 以至 are *conjunctions*, used as the starter of the second clause. They both indicate that the subsequent results are due to the aforementioned reasons.

② “以致”的后面常常是不好的结果或者说话人不希望的结果，“以至”没有这方面的意思。以致 is often followed by a negative result, or the speaker in unhopeful of a positive result, while 以至 does not take this aspect of the meaning.

③ “以至”可以表示从小到大、从少到多、从浅到深、从低到高的发展，或者是向反方向发展的意思，而“以致”没这个意思。以至 can be used to indicate a development from small to large, from young to old, from shallow to deep, or from low to high, or development in the opposite direction. 以致 does not have this meaning.

(1) 熟能生巧，练一次学不好，就练两次、三次，以至更多次，总会学好的。

(2) 这篇课文他看了很多遍，以至于都能不看书，背着说下来了。

4 读一读

1. 快速阅读课文，然后将各项技术在航天和民用方面的使用情况进行连线。

(1) 数码相机	A. 解决航天员的内急问题	a. 随身携带，拍摄照片
(2) 全球定位系统	B. 为太空实验室警报火灾	b. 为日常生活提供定位导航
(3) 烟雾探测器	C. 拍摄外太空的照片	c. 解决婴幼儿尿床等问题
(4) 纸尿裤	D. 为三军提供导航服务	d. 为公共场所消防报警

2. 读课文，判断正误。

(1) “阿波罗”飞船登月时航天员使用的数码相机分辨率是最高的。 (　　)

(2) GPS导航技术在现实生活中的运用只体现在智能手机上。 (　　)

(3) 现实生活中的GPS导航技术都是由陆、海、空三军提供的。（　　）

(4) 现实生活中，很多公共场所都安装了烟雾探测器。（　　）

(5) 纸尿裤解决了宇航员在太空行走时上厕所的问题。（　　）

5 写一写

1. 请看下面的四幅图，然后模仿课文中介绍四项民用化的航天技术时的语言介绍一下图片中的信息。

要求 尽量用上本课学过的常用表达式。

常用表达式

1 ……是人们……时必备的物品。一来……；二来……。

2 当……时，当……时，当……时，……可以帮你忙。

3 无论是……，……还是……，只要……，都……，而且……。

4 如今……已经走入千家万户，以致于……。

A

智能手机

B

机器人

C

网络

D

电话

6 说一说

小组活动。

四人一组，互相讨论以下问题：

(1) 除了课文中提到的这些航天技术以外，还有哪些航天技术已经民用化了？你可以使用你的智能手机上网查查看。

(2) 然后同学之间举例子，具体说一说这些航天技术民用化之后，在生活中发挥了哪些巨大作用？给人们带来了哪些方便？

(3) 小组讨论之后选择两个比较典型的例子，以“航天小技术，生活大作用”为题，请一位代表向全班报告。

要求 尽量用上刚才练习过的常用表达式。

第9单元

地球村里看中国

任务介绍▶

有句歌词唱道“这世界说大就大，说小就小”。可不是嘛，随着信息科技的发展和国际交流的加强，我们虽然身居世界的一隅，但是足不出户，或者在所处的城市转一转，就会感受到来自世界各地不同文化元素的存在。“地球村”里的你，是不是也有同样的感受呢？

在这个单元，首先请你走进海外“中国文化中心”，了解各个中心组织的丰富多彩的文化活动，并谈一谈中国文化在海外的另一个重要载体——“唐人街”中的中国文化元素；然后请你跟同学们讨论一下，身居海外如何才能体验到中国文化，你们接触、了解中国文化的途径是什么；最后你再看一看代表了中国形象的几位名人的介绍，想一想你对他们的了解是不是比介绍中的内容还要多，并模仿这种人物介绍，向老师和同学们描述一两位你们国家的名人。

第1课 走进海外“中国文化中心”

1 热身活动

1. 请看下面三幅图，然后说说这些外国朋友正在做什么？你以前是否也参加过这样的活动？你所在的学校是否有这样的课程？

A

B

C

2. 再来看看下面三幅图，然后跟同学们讨论一下，在你们所在的城市，是否看到过这样的表演？如果有人看过，那么就说说是在什么地方看到的？当时的情景什么样？

3. 最后，同学们一起谈一谈，你们是否听说过“中国文化中心”？在你们所在的城市，是否也有“中国文化中心”？你们认为在“中国文化中心”可以了解哪些中国文化元素？

2 听和说

改革开放以后，中国不仅打开国门，欢迎来自世界各地的优秀文化和先进经验，而且中国文化也走出国门，走向世界，并且以其特有的魅力，越来越受到各国友人的欢迎和喜爱。因此，越来越多的中国文体代表团经常出国表演。你会经常在电视上或广播中听到有关中国文化的介绍和中国艺术演出的新闻报道。

1 听一听

1. 听录音，理解下面词语的意思。 9-01

词语

1. 国力	guólì	名	*national strength*
2. 增强	zēngqiáng	动	*strengthen*
3. 日渐	rìjiàn	副	*day by day*
4. 浓厚	nónghòu	形	*keen*
5. 由此	yóucǐ	连	*thus*
6. 应运而生	yìng yùn ér shēng		*rise to the moment*
7. 批	pī	量	*batch*
8. 落成	luòchéng	动	*be completed*
9. 剪纸	jiǎnzhǐ	名/动	*paper-cutting*
10. 深入	shēnrù	形/动	*thorough; penetrate into*

专有名词

毛里求斯	Máolǐqiúsī	*Mauritius*
贝宁	Bèiníng	*Benin*
地中海	Dìzhōnghǎi	*Mediterranean*
马耳他	Mǎ'ěrtā	*Malta*
巴黎	Bālí	*Paris*
柏林	Bólín	*Berlin*
乌兰巴托	Wūlánbātuō	*Ulan Bator*

2. 听录音，判断正误。 9-02

(1) 非洲的毛里求斯和贝宁是最早建立“中国文化中心”的国家。 ( )

(2) 到目前为止，“中国文化中心”只开展汉语教学活动。 ( )

(3) 首批“中国文化中心”落成以来，已开展3000多场文化活动。 ( )

(4) 2006年到2010年这五年间，海外“中国文化中心”快速发展。 ( )

(5) “中国文化中心”也会为学员提供来中国深入体验的学习机会。 ( )

3. 再听一遍录音，选择正确答案。 9-02

(1) 首批海外“中国文化中心”是哪一年建成的？

A. 1983年

B. 1988年

C. 2006年

D. 2010年

(2) 下列哪一项可能不是“中国文化中心”的工作内容？

A. 介绍中国美食

B. 教授中国功夫

C. 宣传经济发展

D. 进行汉语教学

(3) 首批海外“中国文化中心”是在哪个大洲落成的？

A. 亚洲

B. 欧洲

C. 美洲

D. 非洲

(4) 2006年到2010年间，“中国文化中心”大概培训了多少学员？

A. 3千人

B. 3万人

C. 3万3千人

D. 30万人

(5) “中国文化中心”会请哪些人到中国深入体验中国文化？

A. 中心各类学员

B. 中国文化爱好者

C. 中心的工作人员

D. 当地有名的艺术家

2 听一听

1. 听录音，边听边在你听到的词语下面画线，试着理解课文大意。 9-03

春节　　大红灯笼　　联欢会　　新春庙会

大开眼界　　不亦乐乎　　热烈欢迎

2. 听录音，理解下面词语的意思。 9-04

词语

1. 欢声笑语	huānshēng xiàoyǔ		*cheerful chatting and laughing*
2. 灯笼	dēnglong	名	*lantern*
3. 绕口令	ràokǒulìng	名	*tongue twister*
4. 古诗	gǔshī	名	*ancient poetry*
5. 古琴	gǔqín	名	*Guqin (a seven-stringed plucked instrument)*
6. 庙会	miàohuì	名	*temple fair*
7. 主办方	zhǔbànfāng		*organiser*
8. 舞狮	wǔshī		*lion dance*
9. 大开眼界	dà kāi yǎnjiè		*eye-opening*
10. 谜语	míyǔ	名	*riddle*
11. 套圈	tàoquān		*thimble*
12. 不亦乐乎	bú yì lè hū		*extremely*

专有名词

开罗	Kāiluó	*Cairo*

3. 再听一遍录音，判断正误。 9-03

(1) 海外“中国文化中心”在春节期间开展了丰富多彩的活动。 ( )

(2) 巴黎“中国文化中心”的学员既表演了汉语节目，又创作了书画作品。 ( )

(3) 在马耳他“中国文化中心”的新春庙会上有读古诗、弹古琴、画国画等活动。 ( )

(4) 开罗“中国文化中心”在春节期间主要开展了舞狮表演活动。 ( )

(5) 世界各国民众越来越理解和接受中国的春节。 ( )

3 说一说

1. 双人活动。

假设其中一位同学是海外某个电视台的记者，另一位同学是海外“中国文化中心”的工作人员。记者在亲身参与了“中国文化中心”组织的春节文化活动后，对工作人员进行一次采访。记者要详细了解“中国文化中心”成立的原因，它在中国文化传播中的作用以及“中国文化中心”在世界各地组织的培训课程和文化活动；工作人员要对此进行认真介绍。根据课文内容，分别完成角色扮演的任务。

要求 尽量用上本课学过的常用表达式。

常用表达式

1 随着……增强，……提高，世界对……的兴趣日渐浓厚。

2 由此，……应运而生。

3 文化中心的……活动，引起了……，培养了……。

4 ……在……方面起到了……的作用。

5 从……到……，再从……到……，……每年都……。

6 与此同时，……。

7 在……之时，……来到“中国文化中心”，亲身参与……，在……中了解……。

8 ……，受到……的热烈欢迎。

9 ……，让人大开眼界。

10 ……，并得到……的理解和欢迎。

2. 小组活动。

四人一组，看到下面的这幅图，说说你想到了什么地方？然后讨论以下问题：

(1) 在你们所在的城市是否有“唐人街”？你是否去过“唐人街”？

(2) 春节的时候，“唐人街”或者中国人比较多的地方都会被什么颜色装饰起来？那里的人们会开展哪些庆祝活动？而这些活动是否受到当地人的欢迎，吸引了成批的参与者？你认为这些活动的特点是什么？它们在海外各地起到了什么作用？

要求 尽量用上刚才练习过的常用表达式。

第2课 中国文化元素知多少

1 热身活动

1. 你喜欢看电影吗？请看下面这幅图，你知道它出自哪部电影吗？你看过这部电影吗？这部电影主要介绍了一个什么故事？

2. 你喜欢玩网络游戏吗？你玩过哪些网络游戏？请你看看下面的四幅图，你可以用汉语说出哪个游戏的名字？

2 课 文 9-05

你身边的中国文化元素

每年新年前夜，世界上许多国家都会以**璀璨夺目**的**烟花**表演来迎接新年的到来，其中纽约时代广场的**倒数**活动更是全球**盛事**。2012年到来之际，时代广场主打中国元素，整场活动以舞狮表演开始，而新年**庆典**的标志——水晶球——也首次点亮中国文化中象征吉祥如意的红、黄两色灯光，以“中国色彩”为世界**祈福**。这样一种具有浓郁中国特色的迎新方式，**架**起了文化交流的**桥梁**，①便于世界人民了解中国，也便于中国文化**融入**世界。

其实，当今的世界越来越多元化，各国文化在交流中互相理解、影响和吸收。好莱坞系列大片《功夫熊猫》就是运用中国文化元素最为成功的代表。影片中的**一砖一瓦**、一草一木②无不**散发**着中国文化的魅力。从开场的**皮影戏**到**二胡**、**唢呐**等传统乐器的电影配乐，从**青花瓷**碗到**长袍**、**马褂**等服装**服饰**，再从大红灯笼到包子、面条、火锅和麻婆豆腐等中国美食，一部以中国为背景，以中国文化为**依托**的影片将“全球**审美**”与“中国元素”**有机**结合，不但在票房上**大获全胜**，而且将中国文化元素**淋漓尽致**地**呈现**在了世界各国民众的面前，并得到了他们的喜爱和认可。

中国文化元素除了受到电影界的**青睐**以外，近年来在网络游戏界，中国文化元素同样也成为亮点，并③被各国游戏玩家所熟悉。日本网络游戏的代表《三国志》第一部取得成功后，游戏公司④索性在同一题材上不断**挖掘**，从第一部到第十二部，那段三雄称霸的中国历史**传奇**，通过网游被各国玩家所了解。欧洲知名游戏《英雄无敌》发展到第六部，出现了具有中国风的麒麟。美国游戏《魔兽世界》也在不断挖掘中国文化元素，从《暗黑破坏神3》中的中国武僧到《潘达利亚的迷雾》中出现的熊猫人，游戏中的中国文化元素不但数量在增加，而且运用得也越来越准确。

不管是电影还是网络游戏，它们都只是我们接触中国文化元素的途径之一。在我们的身边，如果你留心观察，中国文化元素几乎**随处可见**。从太极拳到**旗袍**，从中餐馆的汉字**招牌**到知名品牌服装的**花纹**和**纽扣**，再从中医诊所的针灸按摩到音乐厅的中国民乐演出，**诸如**这些又[5]**何必**亲自去中国才能体验到呢？

当地球变成“地球村”，各国文化互相融合，中国文化也就成为多元文化中的一部分，来到了世界人民的身边，为世人所欣赏。

词语

9-06

1. 璀璨夺目	cuǐcàn duómù		*dazzling*
2. 烟花	yānhuā	名	*fireworks*
3. 倒数	dàoshǔ	动	*count backwards*
4. 盛事	shèngshì	名	*event*
5. 庆典	qìngdiǎn	名	*celebration*
6. 祈福	qífú	动	*pray for blessings*
7. 架	jià	动/名	*set up; shelf*
8. 桥梁	qiáoliáng	名	*bridge*
9. 融入	róngrù	动	*integrate into*
10. 砖	zhuān	名	*brick*
11. 瓦	wǎ	名	*tile*
12. 散发	sànfā	动	*send out; distribute*
13. 皮影戏	píyǐngxì	名	*shadow puppet*
14. 二胡	èrhú	名	*erhu*
15. 唢呐	suǒnà	名	*suona horn*
16. 青花瓷	qīnghuācí	名	*blue and white porcelain*
17. 长袍	chángpáo	名	*man's traditional Chinese long gown*
18. 马褂	mǎguà	名	*mandarin jacket*
19. 服饰	fúshì	名	*clothing*
20. 依托	yītuō	动	*rely on*
21. 审美	shěnměi	动	*appreciate the beauty*
22. 有机	yǒujī	形	*organic*
23. 大获全胜	dàhuò quánshèng		*win a landslide victory*
24. 淋漓尽致	línlí jìn zhì		*vividly and incisively*
25. 呈现	chéngxiàn	动	*emerge*
26. 青睐	qīnglài	动	*favour*
27. 挖掘	wājué	动	*excavate*
28. 传奇	chuánqí	名	*legend*
29. 随处可见	suíchù kějiàn		*can be seen everywhere*
30 旗袍	qípáo	名	*Cheongsam*
31. 招牌	zhāopai	名	*sign board*
32. 花纹	huāwén	名	*pattern*
33. 纽扣	niǔkòu	名	*button*
34. 何必	hébì	副	*there is no need; why*

专有名词

《三国志》	Sānguó Zhì	*"Records of the Three Kingdoms"*
三雄称霸	sānxióng chēngbà	*Three States seeking hegemony*
《英雄无敌》	Yīngxióng Wúdí	*"Heroes of Might and Magic"*

《魔兽世界》	Móshòu Shìjiè *"World of Warcraft"*	《潘达利亚的迷雾》	Pāndálìyà de Míwù *"Mists of Pandaria"*
《暗黑破坏神3》	Ànhēi Pòhuài Shén Sān *"Diablo III"*		

3 语言点

1. 便于

动词，表示有了某种条件使事情做起来就比较容易、顺利，后面常接小句、双音节动词。便于 is a *verb* which indicates that things go on more easily and smoothly when certain conditions are met. It is usually followed by a clause or a disyllabic verb.

(1) 因为中国各地方言各异，不便于人们更好地沟通交流，所以中国政府正在大力推行普通话。

(2) 数码相机个头小，放在行李包里不占地方，便于携带，因此成为了人们出游时必备的物品。

(3) 为了便于同学们日后保持联系，老师亲手制作了一本全班同学的联系手册，毕业前送给了每位同学。

☞(4) **这样一种具有浓郁中国特色的迎新方式，架起了文化交流的桥梁，便于世界人民了解中国，也便于中国文化融入世界。**

练一练

(1) 这本书对考试的重点进行了详细的介绍，你可以买一本回去看看，____________________。

(2) 这间教室太大了，老师每次上课时都会使用麦克风，而且尽量大声讲课，这样是为了__________。

(3) 垃圾的回收再利用对环境保护十分重要，因此日常生活中我们自觉地对垃圾进行分类，然后分别倒入不同的垃圾桶，这样可以__________________________。

比较 便于/以便

"以便"，连词。表示前面所说的内容是为了方便实现后面的目的，用于后一个小句的开头，没有否定形式。"便于"，动词。有否定形式，也可以用在前一小句。以便 is a *conjunction*, which indicates that the previously stated content is there in order to facilitate the achievement of the following aim. It is usually used to start a clause and has no negative form. 便于 is a *verb* which has negative form and can be used in the first clause.

(1) 学校按照学生的报到顺序将学生编号，以便更好地对学生进行管理。

(2) 开会前，我已经将关于这个问题的准备工作做好，以便开会研究这个问题。

2. 无不

副词，双重否定表示肯定，有强调确实如此的意思。无不 is an adverb, a double negative used to express certainty. It emphasizes something is indeed this way.

(1) 你上课的表现、完成的作业以及考试的成绩无不说明你还要继续努力才能达到我们的标准。

(2) 工作上努力进取，生活上关心家庭，认识老张的人无不认为他是好男人的代表。

(3) 看到他现在遇到的困难，身边的人无不表示只要能做到，就一定会尽力帮助他。

☞(4) **影片中的一砖一瓦、一草一木无不散发着中国文化的魅力。**

练一练

(1) 小王不但学习成绩好，而且学习态度积极，教过他的老师______________________________。

(2) 这本小说的故事情节十分感人，看过的人____。

(3) 他现在是家喻户晓的名人，走在街上，人们_______________________________________。

3. 被/为……所……

用来表示被动。“所”在这里起到强调语气的作用，没有实际意义，它后边一般用双音节动词。被/为……所…… is used to indicate the passive voice. 所 helps to emphasize the structure and does not have any actual meaning. It is usually followed by a disyllabic verb.

(1) 她被电影里的故事所感动，不禁流下了眼泪。

(2) 这种想法在几年前还是相当奇怪的，而现在已经逐渐为民众所理解、接受。

☞(3) **中国文化元素除了受到电影界的青睐以外，近些年在网络游戏界，中国文化元素同样也成为亮点，并被各国游戏玩家所熟悉。**

☞(4) **当地球变成“地球村”，各国文化互相融合，中国文化也就成为多元文化中的一部分，来到了世界人民的身边，为世人所欣赏。**

练一练

(1) 我收到你的邮件以后，仔细考虑了你的建议，认为十分可行，所以现在以公司总经理的身份通知你，________________________________。

(2) 我们的要求不过分，而且合情合理，当然会____________________________________。

(3) 你要看清楚事实，想明白以后再做决定，不要____________________________________。

4. 索性

副词，干脆的意思，表示直截了当做这件事。索性 is an *adverb*, meaning simply. It indicates carrying out an action in a straightforward manner.

(1) 走了这么久，大家也都累了，来到前边那块草地，大家索性都坐下来休息了。

(2) 雨这么大，两个人用一把伞弄得每个人都有半边身子被淋湿了，小李索性把伞推给了女朋友一个人，自己在雨里向前跑了过去。

(3) 这里的工作不能发挥你的才能，你也干得不高兴，索性跳槽吧。

☞(4) **日本网络游戏的代表《三国志》第一部取得成功后，游戏公司索性在同一题材上不断挖掘。**

练一练

(1) 小李在电话里刚跟男朋友聊了没有多大一会儿，两个人就吵了起来，她_______________________。

(2) 这件衣服你穿着真的很好看，而且你又这么喜欢，____________________________________。

(3) 这里的零食又好吃又便宜，再说谁知道下次什么时候才会再来这家小店，所以我们这次______________________。

5. 何必

副词，意思是“为什么一定要……”或者“为什么非得……”。用于反问句中，表示这样做没有必要。

何必 is an *adverb*, meaning 为什么一定要…… or 为什么非得…… (*why should... or why have to...*). It is used in rhetorical questions to indicate there is no need to do something.

(1) 孩子还小，不懂事，你说两句就行了，何必发这么大的火呢？

(2) 咱家离公司又不远，走路也就十来分钟。再说，你又那么忙，也没时间开车出去玩儿。你何必买这辆车呢？

(3) 两口子过日子整天吵架，何必要在一起呢？要我说啊，早分开早好。

☞(4) **从太极拳到旗袍，从中餐馆的汉字招牌到知名品牌服装的花纹和纽扣，再从中医诊所的针灸按摩到音乐厅的中国民乐演出，诸如这些又何必亲自去中国才能体验到呢？**

练一练

(1) 衣服就讲究穿着合适、得体，______________________。

(2) 这钱啊，有多少算是多呢？你该休息休息，______________________。

(3) 咱们俩都是老朋友了，我来你家也就是聊聊天，看看你，______________________，准备这么多吃的、喝的！

4 读一读

1. 读课文，用给出的词语回答问题。

(1) 纽约时代广场是如何迎接2012年新年的？（主打、舞狮、象征、吉祥如意、祈福）

(2) 当今世界文化发展有什么趋势？（多元化、理解、影响、吸收）

(3) 好莱坞系列大片《功夫熊猫》有什么特点？（背景、依托、全球审美、有机结合）

(4) 网络游戏中加入了哪些中国文化元素？（挖掘、演绎、中国风、增加、准确）

(5) 为什么说世界民众接触、欣赏中国文化越来越方便？（地球村、融合、欣赏）

2. 读课文，选择正确答案。

(1) 纽约时代广场倒数活动为什么主打中国文化元素？

A. 想要架起文化交流的桥梁

B. 希望宣传中国文化元素

C. 全球民众都喜爱中国文化

D. 中国文化可以为全世界祈福

(2) 为什么世界各国出现了很多中国文化的爱好者？

A. 中国文化没有融入世界

B. 中国文化代表全球审美

C. 中国文化具有独特魅力

D. 世界民众很熟悉中国文化

(3) 下列哪项不是《功夫熊猫》的制作特点？

A. 影片成功运用了中国文化元素

B. 影片保持了商业大片的制作风格

C. 影片将全球审美与中国元素结合

D. 影片在票房上做的努力是最大的

(4) 熊猫人出现在哪部网络游戏当中？

A. 《三国志》

B. 《英雄无敌》

C. 《暗黑破坏神3》

D. 《潘达利亚的迷雾》

(5) 下列哪项不是课文主要介绍的了解中国文化的途径？

A. 看有中国元素的电影

B. 亲身到中国去看一看

C. 玩有中国元素的游戏

D. 留心观察身边的事物

5 说一说

1. 双人活动。

(1) 两人互相提醒，根据你对课文的了解，先说说文中介绍的中国文化元素有哪些？然后按表格内容逐项讨论完成。

纽约时代广场迎新年活动	电影《功夫熊猫》	网络游戏界	其他

要求 尽量用上本课学过的常用表达式。

常用表达式

1 以……迎接……。

2 ……，便于……。

3 ……无不散发着……。

4 从……到……，从……到……，再从……到……。

5 ……将……与……有机结合。

6 不但……，而且……，并……。

7 中国文化元素除了受到……的青睐以外，在……，中国文化元素同样……被……所熟悉。

8 索性……。

9 不管……还是……，……都只是……之一。

10 ……，又何必亲自去中国才能体验到呢？

(2) 请看下面两幅电影海报，说一说你是否看过这两部电影？在这两部电影中，你发现了哪些中国文化元素？分别举例说明。

2. 小组活动。

四人一组，互相介绍一下自己在日常生活中观察到的中国文化元素，这些文化元素可以是你从电视中看到的，可以是你去中餐馆吃饭时发现的，也可以是你在中文课教室中感受到的，还可以是你在商场的装饰中找到的。然后请互相讨论一下，为什么现在并不需要到中国去就可以很容易地发现中国文化元素。

要求 尽量用上刚才练习过的常用表达式。

第3课 你熟悉的中国面孔

1 热身活动

1. 请看下面的四幅图，他们都是在国际上比较有名的中国人，你知道他们是谁吗？你知道他们是从事什么工作的吗？在你身边有没有喜欢他们的人？

2. 除了上面这四位中国名人以外，你还知道哪些中国名人？请你向同学们介绍一下他们，包括他们叫什么名字，从事什么工作等。

2 课 文 9-07

姚 明

姚明是中国[1]乃至世界篮球界的明星级人物。2002年6月，姚明以**状元**身份**加盟**休斯敦火箭队。自入队以来，凭借**出色**的**发挥**，姚明连续六个赛季入选NBA西部全明星**阵容**，成为名副其实的超级球星。

除了球技以外，姚明在赛场外态度**谦和**、言谈幽默、具有爱心，深受球迷喜爱。整个亚洲球迷都为姚明的成功而自豪，而美国球迷更是因为姚明而对中国文化产生兴趣，为能说两句汉语而自豪。

李 娜

李娜是当今世界**网坛**顶尖的女子运动员。网球是国际**主流**运动之一，也是职业化程度较高的运动项目，更是一项**彰显**个人魅力的体育项目。2011年李娜获得了四大满贯之一的法国网球公开赛的冠军，成为中国乃至亚洲网坛的标志性人物。

赛场之外，李娜性格**率真**，胸前的**文身**和对丈夫的**调侃**无不展现出了中国女性的另一面。因此，各国球迷从她身上看到了现代中国人的特质——个性和自信。

郎 朗

郎朗，国际著名钢琴家。他创造了许多“第一”：第一位与不同**指挥家**、在一个月内连续**演奏**十大不同风格**协奏曲**的钢琴家；第一位与世界所有顶尖**乐团**合作，并在所有著名音乐厅举办过个人**独奏会**的中国钢琴家；第一位在世界杯足球赛开幕音乐会进行演奏的钢琴家。

美国《人物》杂志称他为“将改变世界的20名青年”之一；《纽约时报》称他为“古典音乐界中最闪亮的明星”；德国《世界报》称他为“当今世界最成功的钢琴家”。

成 龙

②众所周知，成龙是最具有国际影响的华人演员之一。1982年，成龙开始到国际影坛发展，并且凭借电影《红番区》在美国取得的高票房，逐渐**崭露头角**。随后由他主演的《尖峰时刻》系列影片同样取得了巨大成功，使他成为**家喻户晓**的国际巨星。

成龙具有个人特色的喜剧动作表演不仅受到了国内外影迷的喜爱，也成了最有影响力的中国功夫“代言人”。

词语

1. 状元	zhuàngyuan	名	*the very best*
2. 加盟	jiāméng	动	*join*
3. 出色	chūsè	形	*outstanding*
4. 发挥	fāhuī	动	*bring into play*
5. 阵容	zhènróng	名	*roster, lineup*
6. 谦和	qiānhé	形	*modest*
7. 网坛	wǎngtán	名	*tennis world*
8. 主流	zhǔliú	名	*mainstream*
9. 彰显	zhāngxiǎn	动	*highlight*
10. 率真	shuàizhēn	形	*straightforward*
11. 文身	wénshēn	名	*tattoo*
12. 调侃	tiáokǎn	动	*joke about*
13. 指挥家	zhǐhuījiā	名	*conductor*
14. 演奏	yǎnzòu	动	*play (music)*
15. 协奏曲	xiézòuqǔ	名	*concerto*
16. 乐团	yuètuán	名	*orchestra*
17. 独奏会	dúzòuhuì	名	*solo recital*
18. 崭露头角	zhǎn lù tóujiǎo		*begin to distinguish oneself*
19. 家喻户晓	jiā yù hù xiǎo		*widely known*

专有名词

休斯敦火箭队	Xiūsīdūn Huǒjiàn Duì	*Houston Rockets*
四大满贯	sì dà mǎnguàn	*the four Grand Slams tennis tournaments*
《人物》	Rénwù	*"People" magazine*
《世界报》	Shìjiè Bào	*"Le Monde"*
《红番区》	Hóngfān Qū	*"Rumble in the Bronx"*
《尖峰时刻》	Jiānfēng Shíkè	*"Rush Hour"*

9-08

3 语言点

1. 乃至

连词，在时间、数量、范围、程度等方面强调、突出最后一项所指的内容，相当于“甚至”。一般用在并列的词、短语或小句的最后一项之前。多用于书面语。乃至 is a *conjunction* which can be used with time, quantity, range or extent. It emphasizes the last listed content, and is equivalent to 甚至. It is usually used just before the last listed word, phrase or clause in a list, and is mostly used in formal language.

(1) 他要想达到国际顶尖水平还需要五年乃至更长的时间才行。

(2) 这起特大交通事故引起了全市乃至全国人民的关注。

(3) 姚明是中国乃至世界篮球界的明星级人物。

☞(4) **2011年李娜获得了四大满贯之一的法国网球公开赛的冠军，成为中国乃至亚洲网坛的标志性人物。**

练一练

(1) 她不仅代表了中国网球选手的最高水平，在世界范围内也可以称得上是高手。因此，我们可以说

______________________________。

(2) 他家兄弟四个，每个都事业有成，全家人都为他们骄傲，全村人也为他们骄傲，可以说__________

______________________________。

(3) 这种病的发病周期一般为一个月，也有特殊的病例，这些病人发病时间______________________。

比较 乃至/甚至

“甚至”除了做连词以外，还可以做副词，后面常有“（连……）都/也”来配合，强调主语时可以放在主语之前，“乃至”不能这样用。甚至, in addition to being a *conjunction*, can also be used as an *adverb*. It is usually followed by （连……）都/也 and can directly precede the subject for emphasis. 乃至 can not be used in this way.

(1) 如今，机器人可以代替人类做很多事，甚至连人不能完成的任务机器人都可以顺利完成。

(2) 这棵大树非常粗，甚至四五个大人伸开双臂拉在一起也围不住。

2. 众所周知，……

表示后边说的是大家都知道的，事实清楚的。众所周知，…… indicates that what follows is known by all, the facts are clear.

(1) 众所周知，马拉松赛事是世界上最为辛苦的赛事之一。

(2) 中国人对红色的喜爱是众所周知的。

(3) 他常常以身体不舒服为理由而不来上课，这是众所周知的秘密。

☞ (4) **众所周知，成龙是最具有国际影响的华人演员之一。**

练一练

(1) A：手术治疗的效果不错，你看，他的身体越来越好了。

B：是啊！李大夫是治疗这种病的专家，______________________________。

(2) A：小李，这是你这个月第四次迟到了吧？下不为例啊！

B：王经理，交通情况太糟糕啊！______________________________。

A：堵车、堵车，每次都是这个理由！

(3) A：老张退休后就跟老伴儿一起四处旅游，他们已经去过国内所有的知名旅游景点了，现在开始计划去欧洲旅游呢。

B：______________________________，他们老两口有空儿就往外跑！

4 读一读

1. 快速阅读课文，完成连线。

姚明	国际著名钢琴家
李娜	极具国际影响的华人演员
郎朗	篮球界的超级球星
成龙	当今世界女子网坛的顶尖选手

2. 读课文，判断正误。

(1) 姚明的美国球迷都会说汉语。 (　　)

(2) 李娜和她的丈夫都是中国乃至亚洲网坛的标志性人物。 (　　)

(3) 郎朗是当今世界古典音乐的顶尖钢琴演奏家之一。 (　　)

(4) 成龙刚到国际影坛发展就成为了家喻户晓的巨星。 (　　)

(5) 课文中介绍的四位中国名人全都来自文体界。 (　　)

5 写一写

1. 请看下面的四幅图，然后模仿课文中介绍中国四位名人的语言，介绍一下图片中的信息。

要求 尽量用上本课学过的常用表达式。

常用表达式

1 ……是……乃至……篮球界的明星级人物。……以……身份加盟……。自……以来，凭借……，连续……赛季入选……，成为……。

2 ……是……运动之一，也是……的运动项目，更是一项……体育项目。

3 众所周知，……是世界上……之一。他与保罗·艾伦一起创建了微软公司，并且凭借……取得……。

4 ……具有……的……，她不仅受到了……的喜爱，也成了……的“代言人”。

A

勒布朗·詹姆斯

台球

比尔·盖茨

苏珊大妈

6 说一说

小组活动。

四人一组，互相讨论一下，你们国家的哪些名人在国际上也比较知名，具有一定的国际影响力？然后请你们商定一位名人，模仿课文中介绍中国名人的方式，请一位代表向全班同学简单介绍一下这位名人，介绍中应包括这位名人的工作和成绩等。

要求 尽量用上刚才练习过的常用表达式。

第10单元 时尚环保的低碳生活

任务介绍▶

夏天越来越炎热，冬天越来越温暖，世界各地都进入了异常天气多发期。这些气候变化你是不是也发现了呢？造成气候变化的原因是什么？面对气候变化，作为一个普通的世界公民，我们应该做些什么呢？

在这个单元你会先了解一下世界气候变暖的大致情况，弄清气候变暖的原因，并说一说气候变暖给你们当地带来的具体影响；然后请你跟同学们讨论一下如何从自身做起，开始低碳生活；最后你再跟着课文的介绍，到世界各地知名的低碳城市去看一看，了解一下它们的具体情况，并据此描述一下你所在城市的某项具体的低碳行为。

第1课 地球发烧了

1 热身活动

1. 请看下面的两幅图，然后跟同学讨论一下它们说明了一个什么问题？你是否也真实感受到了这个问题的存在？它到底严重到了什么程度？

2. 你知道每年3月最后一个星期六的晚上8点半到9点半，全世界会开展一项什么样的活动吗？看看下面的宣传海报，你以前是否也看到过这张海报？

- 你知道世界上的哪些城市参加了“地球一小时”活动吗？
- 在“地球一小时”活动过程中哪些知名的建筑物会熄灭照明灯和景观灯？
- 你认为“地球一小时”活动的目的是什么？
- 你愿意参与这样的活动吗？

2 听和说

全球气候变暖已经严重影响了人们的正常生活，它也成为人们最为关注的环保话题。你经常会在电视上、网络上或者广播中听到有关全球气候变暖的报道。

1 听一听

1. 听录音，理解下面词语的意思。 10-01

词语

1. 时至今日	shí zhì jīnrì		*up to now*	7. 表面	biǎomiàn	名	*surface*
2. 趋势	qūshì	名	*tendency*	8. 屡屡	lǚlǚ	副	*over and over again*
3. 人为	rénwéi	形	*man-made*	9. 打破	dǎpò	动	*break*
4. 因素	yīnsù	名	*factor*	10. 同期	tóngqī	名	*same period of time*
5. 造成	zàochéng	动	*cause*	11. 预测	yùcè	动	*predict*
6. 末	mò	名	*end of*	12. 巨大	jùdà	形	*huge*

2. 听录音，判断正误。 10-02

(1) 全球气候变暖主要是因为人为因素造成的。 ( )

(2) 20世纪80年代是地球表面温度最高的十年。 ( )

(3) 20世纪末，世界各地的高温纪录都没有被打破。 ( )

(4) 2003年，巴黎南部夜间最低气温创造了新的历史纪录。 ( )

(5) 专家预测，到2100年，全球气温将上升0.48—5.8℃。 ( )

3. 再听一遍录音，选择正确的答案。 10-02

(1) 1981—1990年全球平均气温比100年前上升了多少度？

A. 0.18℃

B. 0.43℃

C. 0.48℃

D. 0.6℃

(2) 20世纪，英国伦敦的最高气温是哪一年创造的？

A. 1873年

B. 1981年

C. 1990年

D. 1991年

(3) 进入21世纪，很多国家的高温纪录被打破，但文中没说到哪个国家？

A. 英国

B. 法国

C. 德国

D. 美国

(4) 根据气象专家预测，到2100年，全球气温可能会上升多少度？

A. 0.6℃

B. 1.6℃

C. 25.5℃

D. 38.1℃

(5) 关于“全球气候变暖”，下面哪种说法是对的？

A. 指地球大气温度上升

B. 都是人为因素造成的

C. 气候变暖以欧洲为主

D. 给环境造成巨大影响

2 听一听

1. 听录音，边听边在你听到的词语下面画线，试着理解课文大意。 10-03

温室气体	二氧化碳	海平面	频繁发生
干旱缺水	瘟疫蔓延	自然生态系统	

2. 听录音，理解下面词语的意思。 10-04

词语

1. 排放	páifàng	动	*release*
2. 燃料	ránliào	名	*fuel*
3. 二氧化碳	èryǎnghuàtàn	名	*carbon dioxide*
4. 温室气体	wēnshì qìtǐ	名	*greenhouse gas*
5. 海平面	hǎipíngmiàn	名	*sea-level*
6. 岛国	dǎoguó	名	*island nation*
7. 淹没	yānmò	动	*be flooded*
8. 灾害	zāihài	名	*disaster*
9. 损失	sǔnshī	名/动	*loss; lose*
10. 瘟疫	wēnyì	名	*plague*
11. 蔓延	mànyán	动	*spread*
12. 自然生态系统	zìrán shēngtài xìtǒng	名	*natural ecosystem*
13. 平衡	pínghéng	形	*balance*
14. 威胁	wēixié	动	*threaten*

3. 再听一遍录音，判断正误。 10-03

(1) 温室气体排放是导致全球气候变暖的主要原因。 (　　)

(2) 人类使用煤、石油等燃料只会排放二氧化碳。 (　　)

(3) 全球气候变暖将会造成海洋淹没城市和岛国的现象。 (　　)

(4) 大范围的森林火灾会导致全球气候变暖。 (　　)

(5) 全球气候变暖将打破自然生态系统的平衡，威胁人类生活。 (　　)

3 说一说

1. 双人活动。

两个人互相提醒，根据你们所听到的信息，具体来说一说什么是全球气候变暖？造成全球气候变暖的原因是什么？全球气候变暖会带来哪些影响？

要求 尽量用上本课学过的常用表达式。

常用表达式

1 具体来说，……。

2 ……是由……造成的。

3 根据……的观察记录，……。

4 进入……以后，……屡屡被打破。

5 全球气温……，从而给……带来巨大影响。

6 ……以来，人类大量使用……，从而排放出……。

7 ……以……为主……。

8 ……越……越……，导致……。

9 按照……，到……时，全球气候变暖会造成一系列……。

10 ……造成……的损失；……。

2. 小组活动。

四人一组，现在就用你的智能手机上网查一查，了解你们所在城市近十年的高温纪录，看看现在的最高气温纪录是什么时候创造的。根据你对全球气候变暖的理解，互相讨论一下，气候变暖现象在你们所在的城市是否已经越来越明显？用身边的事例跟同学交流一下，说明你对气候变暖的真实体验。

要求 尽量用上刚才练习过的常用表达式。

第2课 低碳生活

1 热身活动

1. 你听说过“低碳生活”吗？请你看看下面这幅图，说一说“低碳生活”的主要目的是什么？

2. 再来看看下面这两幅图，说一说在我们的日常生活中哪些生活方式是比较低碳的？

2 课 文 10-05

低碳生活衣食住行

你的生活“**低碳**”了吗？其实低碳生活可以从我们身边的衣食住行等生活点滴做起。

（一）低碳穿衣

“**混搭**”可谓是当下时尚界的流行趋势，而从低碳穿衣的角度看，它大大提高了服装的再利用率。拿放在衣柜里闲置的衣服来说吧，哪儿都好好的，只是款式不够**新潮**①而已，只要**巧妙**搭配，就会有意想不到的效果。除了“混搭”以外，把过时的衣服有创意地进行**翻新**，②这样一来，既可以**发掘**它的新价值，还相当环保。

③不可否认，“旧衣新穿”再环保，人也是要买衣服的。所以低碳购衣理念**倡导**买衣服时不**盲目**追赶**潮流**，而是选择一些简单、经典的款式和颜色，这样的衣服相对于④忽而**复古**、忽而新潮的流行趋势，不易过时，还能穿出个人的品位。

（二）低碳饮食

曾几何时，去买菜都是人手一个菜篮子，现在菜篮子不见了，**取而代之**的是小商贩免费提供的各色塑料袋。据**统计**，全球每年消耗超过5000亿个塑料袋，而塑料袋的回收率却不足3%。**践行**低碳饮食新观念就要从“**拎**起菜篮子”做起。

做菜是门艺术，但更要讲究科学、低碳。烹调食物时，要尽量选择以水或水汽为主的烹调方式，如水煮、**清蒸**等，而像**油炸**、**油煎**等需要长时间高温的烹调方式则应避免。另外要少吃熟食，避免反复加热造成的能量**损耗**。

低碳饮食还倡导避免“一次性消费”。据调查，中国每年因生产一次性筷子而**砍伐**的树木达1600万至2500万棵，不砍伐森林**覆盖**率尚且不高，更何况大量砍伐呢！可见，减少“一次性消费”可以很好地保护森林，而森林正是吸收碳的“地球之肺”。

（三）低碳家居

众所周知，电是日常生活的重要能源。因此，管好电就成了低碳家居的**重中之重**。使用节能灯是省电的**明智**之选，因为同样亮度的节能灯耗电量仅为**白炽灯**的1/5。

冰箱是耗电大户，低碳家居除了选用节能冰箱以外，还要注意使用细节。冰箱四周留有适当的通风空间，远离热源、避免阳光直射；使用一段时间后及时**除霜**；使用过程中减少开门次数和时间；存放的食物不要过密，⑤以占冰箱**容积**的80%为宜。

电脑是使用率较高的电器。使用电脑时，低碳家居倡导经常保养，定期**除尘**；不用电脑时，随手关机，**切断**电源。

另外，使用空调时设定适宜的温度，小件的衣服选择手洗等都[6]不失为从细节践行低碳家居的举动。

（四）低碳出行

乘坐公交车、地铁等公共交通工具，拼车、环保驾车、步行、骑自行车等都是低碳的出行方式。低碳出行不仅节约能源、减少污染，而且有益健康，是**一举两得**的好事。

词语

10-06

1. 低碳	dītàn		*low-carbon*
2. 混搭	hùndā		*mix and match*
3. 新潮	xīncháo	形	*fashionable*
4. 巧妙	qiǎomiào	形	*clever*
5. 翻新	fānxīn	动	*renew*
6. 发掘	fājué	动	*explore*
7. 倡导	chàngdǎo	动	*advocate*
8. 盲目	mángmù	形	*blind*
9. 潮流	cháoliú	名	*fashion; trend*
10. 复古	fùgǔ	动	*return to the past*
11. 曾几何时	céng jǐ héshí		*once upon a time*
12. 取而代之	qǔ ér dài zhī		*replace*
13. 统计	tǒngjì	动	*statistics*
14. 践行	jiànxíng	动	*practice*
15. 拎	līn	动	*carry (in hand)*
16. 清蒸	qīngzhēng	动	*steam*
17. 油炸	yóuzhá	动	*deep fry*
18. 油煎	yóujiān	动	*pan fry*
19. 损耗	sǔnhào	名/动	*lose*
20. 砍伐	kǎnfá	动	*fell (trees)*
21. 覆盖	fùgài	动	*cover*
22. 重中之重	zhòng zhōng zhī zhòng		*the most important part*
23. 明智	míngzhì	形	*wise*
24. 白炽灯	báichìdēng	名	*incandescent light*
25. 除霜	chúshuāng	动	*defrost*
26. 容积	róngjī	名	*volume*
27. 除尘	chúchén	动	*remove dust*
28. 切断	qiēduàn	动	*cut (power)*
29. 一举两得	yì jǔ liǎng dé		*kill two birds with one stone*

3 语言点

1. 而已

语气助词，用在陈述句末，有把事情往小里说的意思，前面常常用“不过、只是、无非”等。而已is a *modal particle*, used at the end of a statement, to minimize its importance. It is usually preceded by 不过, 只是 or 无非, etc.

(1) 你不要太担心，你得的不是什么大病，不过是感冒而已。

(2) 别看他们俩整天一起吃一起玩儿的，其实他们俩只是关系好而已，不是什么男女朋友的关系。

(3) 这件衣服不是什么名牌，只是当地工厂生产的再普通不过的衣服而已。

☞(4) **拿放在衣柜里闲置的衣服来说吧，哪儿都好好的，只是款式不够新潮而已。**

练一练

(1) 我喜欢开玩笑，刚才的话，你可别当真，我只不过是____________________。

(2) 别那么紧张，我今天找你来也没什么事，只是想____________________。

(3) 这顿饭没花多少钱，________________，再说请客不就是为了高兴吗？花钱都是小事。

2. 这样一来

插入语，用在第二个小句之前，表示有了第一个小句所说的情况后，会有后面这样一个结果。这样一来 is a *parenthesis*, used before a second clause. It indicates that because of the situation mentioned in the first clause, the result of the second clause happened.

(1) 最近，小李下班后就回家，很少跟朋友们出去吃吃喝喝，这样一来，节省了不少日常开销。

(2) 为了少花点儿租金，我搬到了离公司较远的城外，这样一来，每天来来回回花在路上的时间比以前长了不少。

(3) 夫妻俩有个意见本，谁有对对方的不满就会写在本子上，这样一来，双方嘴上不说，可是通过书面交流也解决了不少问题。

☞(4) **除了“混搭”以外，把过时的衣服有创意地进行翻新，这样一来，既可以发掘它的新价值，还相当环保。**

练一练

(1) 上班时间路上本来就堵，再加上发生了一起交通事故，____________________。

(2) 口袋里有零钱时就随手放在存钱罐里，____________________，所以不要小看存钱罐，它的作用可不小。

(3) 老人家不识字，就在电话本上把每个儿女的电话号码用不同颜色的笔画个标记，____________。

3. 不可否认

插入语，用在句间，后边接着说出真实的情况。不可否认 is a *parenthesis*, used between sentences, which is followed by the true situation.

(1) 对于幸福，每个人都有不同的理解，但不可否认，对幸福的美好向往是人们共同的心理。

(2) 他的歌曾流行一时，吸引了众多歌迷，但不可否认，如今的他已经逐渐被人们淡忘了。

(3) 这些砍伐森林、破坏环境的图片让人看后十分难受，但不可否认，这些就是发生在我们生活中的事实。

☞(4) **不可否认，“旧衣新穿”再环保，人也是要买衣服的。**

练一练

(1) 爸爸工作很忙，很少陪儿子一起玩儿，但是只要他有时间就会把儿子叫到身边，像孩子一样陪儿子玩各种游戏，________________。

(2) 尽管小李在工作中也出现过一些小问题，但是他这两年为公司做了很多工作，也拉来很多客户，________________。

(3) 现在经理不管大小事，只要有事就会找小王去做，________________。

4. 忽而……忽而……

前后加上两个意思相反、相关的词语，或两种不同的情况，表示一会儿这样，一会儿那样，情况变化快而不定。多用于书面语。也可做“忽……忽……”，不过在“忽”的后面要用单音节词。Each 忽而 is followed by words which are related but mean the complete opposite, or by two different situations. It indicates that for a certain period of time it is one way, then for another certain time it is the other. The situation is very changeable and unstable. It is usually used in formal, written language. 忽而……忽而…… can also be used in the form 忽……忽……, but only with monosyllabic words.

(1) 虽然运动生涯中经历了无数比赛，但是面对人生的最后一场比赛，他的内心还是十分复杂，心情忽而紧张，忽而平静。

(2) 台上的麦克风出现了问题，造成讲话人的声音忽高忽低，难以听清。

(3) 这天气真是变化无常，忽而晴空万里，忽而阴云密布。

☞(4) **这样的衣服相对于忽而复古，忽而新潮的流行趋势，不易过时，还能穿出个人的品位。**

练一练

(1) 教室里的灯出了毛病，________________。

(2) 他这个人性格很特别，对待朋友________________，让人很难理解。

(3) 不好意思，您再说一遍，我这边的手机信号________________，听不清楚。

5. 以……为宜

表示用某种方式、标准或态度来处理、对待事情比较好，书面语色彩较浓。以……为宜 indicates it is better to take a certain method, standard or attitude. It is usually used in formal written language.

(1) 孩子爱看动画片，可是又不能让他看太长时间，孩子看电视到底以多长时间为宜，这是很多家长关心的问题。

(2) 很多人春节放假期间走亲访友，大吃大喝，节后都发现自己长胖了，其实越是节假日期间，饮食越要以清淡为宜。

(3) 买衬衫的时候以款式简单、颜色经典、穿着舒适为宜，这样的衬衫也不容易过时。

☞(4) **冰箱里存放的食物不要过密，以占冰箱容积的80%为宜。**

练一练

(1) 你身体刚好，不要着急出去活动，还是________________________________。

(2) 冬季锻炼时，因为气温较低，所以不要做太剧烈的运动，________________________________。

(3) 空调温度设置过低，一来对身体没有好处，二来比较耗电、不环保。所以温度设置要合适，一般________________________________。

6. 不失为

动词，表示经过比较，可以作为、算是。As a *verb*, 不失为 means that *after comparison, it is....*

(1) 想要快点提高自己的汉语口语水平，找个中国朋友，有事没事跟他聊聊天不失为一个好办法。

(2) 小李找工作非常不顺利，面试了好几家公司都没成功，不过乐观的他倒是认为找工作的过程不失为一种难得的人生体验。

(3) 大卫这篇作文语言流畅，用词准确，而且没有任何语法错误，不失为一篇范文。

☞(4) **使用空调时设定适宜的温度，小件的衣服选择手洗等都不失为从细节践行低碳家居的举动。**

练一练

(1) 如果想了半天也没有找到一个好办法，那么出去走走，换换思路，________________________________。

(2) 我同意小王的看法，现在找工作那么不容易，继续读研究生________________________________。

(3) 听说中医在治疗慢性病方面效果不错，你这头疼的老毛病可以找个中医看看，我觉得这________________________________。

4 读一读

1. 读课文，用给出的词语回答问题。

(1) 为什么说“混搭”是既低碳又时尚的穿衣方式？（可谓是、趋势、从……角度看、利用率、闲置、巧妙）

(2) 低碳购衣理念倡导购买什么样的衣服？为什么？（经典、忽而……忽而……、复古、新潮、品味）

(3) 做菜时如何体现低碳饮食新观念？（以……为主、烹调、油煎）

(4) 如何使用冰箱才更低碳？（远离、避免、除霜、过密）

(5) 为什么说低碳出行是件一举两得的好事？（节约、减少、有益、一举两得）

2. 读课文，选择正确的答案。

(1) 下列哪项不是低碳穿衣所倡导的？

A. 衣服“混搭”

B. 旧衣新穿

C. 常买新衣

D. 旧衣翻新

(2) 为什么说“旧衣新穿”是低碳、环保的做法？

A. 让人不再买衣服

B. 使旧衣服变新潮

C. 提高衣服利用率

D. 能体现个人品位

(3) 下列哪项不是低碳饮食倡导的做法？

A. 用菜篮子，拒绝塑料袋

B. 选择用清蒸等烹调方式

C. 避免用“一次性”筷子等

D. 多买加工好的成品熟食

(4) “低碳家居”中没有提到下列哪种电器的使用细节？

A. 冰箱

B. 电脑

C. 空调

D. 洗衣机

(5) 下列哪项不是低碳出行带来的好处？

A. 减少环境污染

B. 有益身体健康

C. 发展汽车工业

D. 节约地球能源

5 说一说

1. 双人活动。

两人互相提醒，讨论一下在衣食住行方面，课文中主要介绍了哪些低碳的生活方式？这些低碳的生活方式对于环境保护和减缓气候变暖有什么意义和作用？

要求 尽量用上本课学过的常用表达式。

常用表达式

1 其实……可以从……做起。

2 ……可谓是……，而从……的角度看，……。

3 拿……来说吧，……，只是……而已，只要……，就……。

4 ……，这样一来，既……，还……。

5 不可否认，……。

6 对于忽而……，忽而……的流行趋势，……不易过时，还能……。

7 ……，要尽量选择……，如……，而像……则应避免。

8 ……以……为宜。

10 ……，不失为……。

2. 小组活动。

四人一组，每个人从衣、食、住、行四个方面中选择一个方面，介绍一下自己在这个方面的生活方式是怎么样的？并请其他同学评价一下这种生活方式是否低碳？

（1）如果你在这个方面做得很低碳，那么请你跟同学们分享一下经验；如果你在这方面做得不够低碳，那么请你自我分析一下，怎么改变原来的生活方式才会变得更低碳？

（2）最后全组选出一位“低碳达人”，请他（她）向全班同学介绍自己低碳生活的点滴。

要求 尽量用刚才练习过的常用表达式。

第3课 巡礼低碳城市

1 热身活动

1. 你听说过“世界低碳城市联盟”（The World Alliance of Low Carbon Cities）吗？如果让你给纽约、伦敦、巴黎、温哥华、东京、上海等城市投票，你会把“低碳环保”这一票投给哪个城市？为什么？

2. 在你去过的城市中，你认为哪个城市在节能减排方面做得比较好？它的哪种低碳做法给你留下了深刻的印象？请你简单介绍一下。

2 课 文

10-07

温哥华

温哥华的低碳元素体现在城市的方方面面，其中以低碳建筑最为**突出**。温哥华的**民宅**多以二三层高的**别墅**为主，**鳞次栉比**的高楼**景象**相当少见。尽管市中心一带的写字楼较高，但是外墙大多是玻璃**外立面**，既节约了建筑成本，又大大利用了充足的日照。因此，热岛效应、**光污染**等城市病几乎不存在，相当低碳环保。

哥本哈根

丹麦有500多万人口，光自行车就有420多万辆。据了解，在哥本哈根，①上到国家首相，下到上学的孩子都经常骑车。哥本哈根也因此修了很多自行车专用道，目前已达数千英里。在街头散步时，经常可以看到戴着**头盔**、骑着自行车的人群**川流不息**地从你身边**呼啸而过**。骑车出行大大降低了能源消耗。

赫尔辛基

来到赫尔辛基，不管是政府部门，**抑或**是工业巨头，它们的大门竟然都设在不起眼的**小巷**内，②且不说**富丽堂皇**的大厅，连电梯都小得不能再小，通常只能容纳四五个人，尤为新鲜的是，电梯门竟是手动的。更令人不可思议的是，在这样一个森林覆盖率高达70%的国家，洗手间里几乎看不到抽取式的擦手纸，取而代之的是一种可重复**洗涤**的擦手巾。

保　定

保定是中国两个低碳城市代表之一，整座城市大量应用了以太阳能为主的新能源。走在保定的大街小巷，随处都可以看到太阳能**电池板**，它们不仅是城市交通红绿灯和路灯的**电源**，还是公共场所、生活小区的重要能源**来源**，因此城市的碳排放量大大降低。在走过多年的低碳城市发展道路之后，保定有了“太阳能之城”的**美誉**。

词语

10-08

1. 突出	tūchū	形/动	*outstanding; break through*
2. 民宅	mínzhái	名	*private housing*
3. 别墅	biéshù	名	*villa*
4. 鳞次栉比	lín cì zhì bǐ		*row upon row*
5. 景象	jǐngxiàng	名	*scene*
6. 外立面	wàilìmiàn	名	*facade*
7. 光污染	guāngwūrǎn	名	*light pollution*
8. 头盔	tóukuī	名	*helmet*
9. 川流不息	chuān liú bù xī		*come and go like an endless stream*
10. 呼啸而过	hūxiào érguò		*roaring past*
11. 抑或	yìhuò	连	*or*
12. 小巷	xiǎoxiàng	名	*alley*
13. 富丽堂皇	fùlì tánghuáng		*splendid*
14. 洗涤	xǐdí	动	*wash*
15. 电池板	diànchíbǎn	名	*panel*
16. 电源	diànyuán	名	*power supply*
17. 来源	láiyuán	名	*resource*
18. 美誉	měiyù	名	*reputation*

专有名词

热岛效应	rèdǎo xiàoyìng	*urban heat island*
温哥华	Wēngēhuá	*Vancouver*
哥本哈根	Gēběnhāgēn	*Copenhagen*
赫尔辛基	Hè'ěrxīnjī	*Helsinki*
保定	Bǎodìng	*Baoding*

3 语言点

1. 上到……，下到……

表示一个较大的范围。上到……，下到…… indicates a rather large scope or range.

(1) 在这里，上到六七十岁的老人，下到六七岁的孩子都经常参加公益活动。

(2) 他在公司里很受欢迎，上到总经理，下到小职员都很喜欢他。

(3) 现在很多人都喜欢冒险，上到太空，下到海底，人们都想去看看。

☞(4) **在哥本哈根，上到国家首相，下到上学的孩子都经常骑车。**

练一练

(1) 家里所有人都很支持我出国留学，________________________________。

(2) 他是学校学生会主席，经常组织一些活动，所以学校里的人都认识他，____________________。

(3) 他买东西不看品牌，只看款式和材质，所以他的东西，什么价钱的都有，____________________。

2. 且不说……，……

表示后边的、不太典型的都会有这样的情况，更不用说前边的、更典型的情况。且不说……，…… indicates that even the less typical situation mentioned in the following clause is occurring, not to mention the typical situation mentioned in the preceding clause.

(1) 且不说价钱如何，光是这里的环境，这套房子就值得租。

(2) 现在很多人都天天嚷嚷着要减肥，且不说那些真有点儿胖的人，就连本来就很瘦的人也要减。

(3) 且不说艺术是不是一定要高于生活，但它总是要来源于生活的。

☞(4) **且不说富丽堂皇的大厅，连电梯都小得不能再小，通常只能容纳四五个人。**

练一练

(1) 妈妈一天到晚多累啊，______________________，单说家里洗衣服、做饭这些事就够她忙的了。

(2) 我相信他能做好这件事，________________________________，光是这股子认真劲儿就足以说明他会尽全力去做这件事，只要努力了，还有做不好的吗？

(3) 他去过中国的很多地方，______________________________，像保定这样的中小城市他也去过。

4 读一读

1. 快速阅读课文，将不同城市低碳作法的特点图片序号写在相应城市名称后。

温哥华______ 哥本哈根______ 赫尔辛基______ 保　定______

2. 读课文，判断正误。

(1) 温哥华的房子都不高，所以既节约了建筑成本，又能充分利用日照。 (　　)

(2) 丹麦人几乎人手一辆自行车，骑车出行已成为他们十分低碳的生活习惯。 (　　)

(3) 节约纸张、节约电能，赫尔辛基人的低碳行为更体现在细节上。 (　　)

(4) 保定的太阳能只为红绿灯和路灯提供电源，因此成为了中国的低碳城市。 (　　)

(5) 世界低碳城市的表现方面不同，但是都在践行低碳理念上取得了一定的成绩。 (　　)

5 写一写

1. 请看下面的四幅图，然后模仿课文中介绍四座低碳城市时使用的语言，结合图片旁的文字提示，介绍一下图片中的信息。

要求 尽量用上本课学过的常用表达式。

常用表达式

1 ……体现在……，其中以……更为突出。

2 据……，在……，上到……，下到……都……。

3 且不说……，连……都……。

4 ……大量应用了……。

低碳饮食、菜篮子

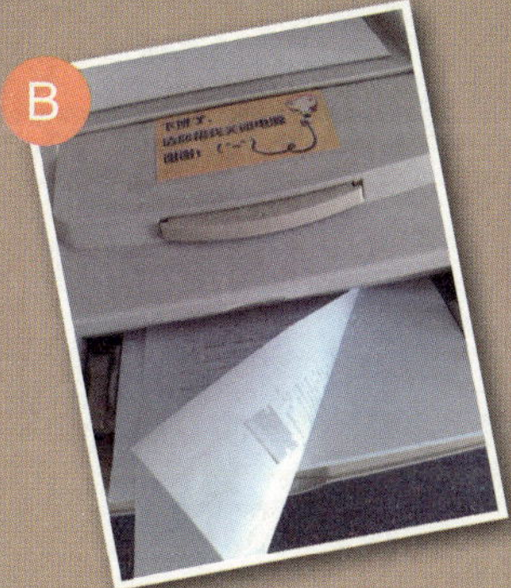

公司低碳办公、双面打印

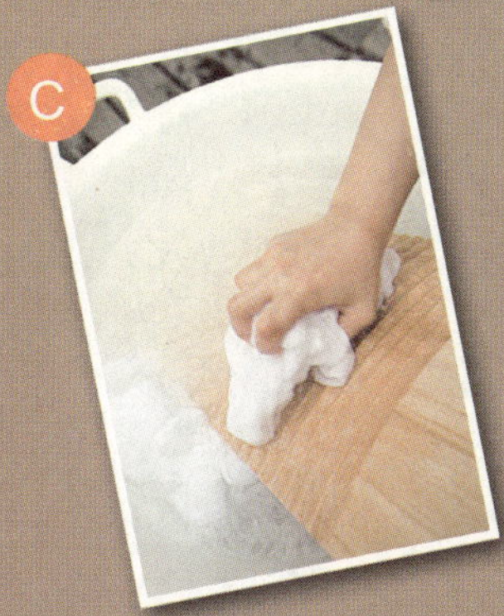

大件衣服机洗、小件衣服手洗

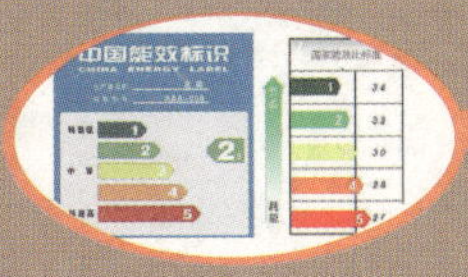

城市居民节能电器

6 说一说

小组活动。

四人一组。互相商量一下，在你所在的城市，除了市民自觉的低碳行动以外，政府可以在践行低碳理念，发展绿色经济方面做出哪些工作？小组讨论并确定组内的建议，以“我给市长提建议”为题，请一位代表向全班报告。

要求 尽量用上刚才练习过的常用表达式。

附 录

词语表

词语	拼音	词性	单元（课）
A			
★ “阿波罗”登月飞船	“Ābōluó” dēngyuè fēichuán		8(3)
★ 阿努谢赫·安萨里	Ānǔxièhè Ānsàlǐ		8(2)
安分	ānfèn	形	7(2)
按	àn	动	1(1)
暗喜	ànxǐ	动	6(1)
暗语	ànyǔ	名	3(2)
昂贵	ángguì	形	2(1)
★《暗黑破坏神3》	Ānhēi Pòhuài Shén sān		9(2)
★ 奥尔森	Ào'ěrsēn		8(2)
奥秘	àomì	名	4(3)
B			
八九不离十	bā jiǔ bù lí shí		2(2)
★ 巴黎	Bālí		9(1)
拔罐	báguàn	动	4(2)
白炽灯	báichìdēng	名	10(2)
煲	bāo	动	4(1)
★ 保定	Bǎodìng		10(3)
保健品	bǎojiànpǐn	名	8(1)
保送	bǎosòng	动	7(1)
保险	bǎoxiǎn	形/名/动	1(1)
保养	bǎoyǎng	动	4(1)
保真	bǎozhēn	动	3(1)
暴饮暴食	bàoyǐn bàoshí		4(1)
被动	bèidòng	形	5(1)
★ 贝多芬	Bèiduōfēn		5(2)
★ 北京大学生电影节	Běijīng Dàxuéshēng Diànyǐngjié		3(3)
★ 北京烤鸭	Běijīng kǎoyā		2(3)
★ 贝宁	Bèiníng		9(1)
必备	bìbèi	动	1(2)
臂力	bìlì	名	8(2)
编织	biānzhī	动	8(2)
便	biàn	连	6(2)
变异	biànyì	动	8(1)
表面	biǎomiàn	名	10(1)
别墅	biéshù	名	10(3)
别致	biézhì	形	2(3)
并非	bìngfēi	副	8(2)
病秧子	bìngyāngzi	名	4(1)
播种	bōzhòng	动	8(1)
★ 柏林	Bólín		9(1)
不计其数	bú jì qí shù		1(2)
不尽	bújìn		3(3)
不愧	búkuì	副	1(3)
不切实际	búqiè shíjì		7(2)
不亦乐乎	bú yì lè hū		9(1)
不单	bùdān	副/连	3(3)
不乏	bùfá	动	2(1)
不虚此行	bùxū cǐxíng		2(3)
不约而同	bù yuē ér tóng		7(2)
C			
猜测	cāicè	动	7(2)

注：带★词语为专有名词。

词语	拼音	词性	单元（课）
操纵	cāozòng	动	8(2)
策划	cèhuà	动	6(2)
曾几何时	céng jǐ héshí		10(2)
★ 查尔斯·西蒙尼	Chá'ěrsī xīméngní		8(2)
茶垢	chágòu		7(2)
长此以往	cháng cǐ yǐ wǎng		4(1)
长袍	chángpáo	名	9(2)
倡导	chàngdǎo	动	10(2)
畅销	chàngxiāo	动	7(3)
朝代	cháodài	名	1(3)
潮流	cháoliú	名	10(2)
炒菜	chǎocài		2(1)
沉迷	chénmí	动	6(3)
沉思	chénsī	动	7(3)
衬托	chèntuō	动	8(2)
沉重	chénzhòng	形	8(2)
成果	chéngguǒ	名	1(1)
诚恳	chéngkěn	形	7(3)
承受	chéngshòu	动	8(2)
呈现	chéngxiàn	动	9(2)
痴狂	chīkuáng	形	5(2)
充满	chōngmǎn	动	1(3)
冲破	chōngpò	动	6(3)
崇拜	chóngbài	动	5(1)
崇高	chónggāo	形	5(1)
崇尚	chóngshàng	动	4(2)
充实	chōngshí	动	6(3)
筹办	chóubàn	动	6(2)
出境	chūjìng	动	1(1)
出色	chūsè	形	9(3)
出洋相	chūyángxiàng		2(2)
除尘	chúchén	动	10(2)
除霜	chúshuāng	动	10(2)
处女作	chǔnǚzuò	名	5(2)
川流不息	chuān liú bù xī		10(3)
传奇	chuánqí	名	9(2)
闯荡	chuǎngdàng	动	7(1)
创意	chuàngyì	名	6(2)
垂涎欲滴	chuíxián yù dī		2(3)
从业	cóngyè	动	7(2)
催化剂	cuīhuàjì	名	5(3)
璀璨夺目	cuǐcàn duómù		9(2)
脆	cuì	形	2(2)
村寨	cūnzhài	名	1(3)
措施	cuòshī	名	8(3)

D

词语	拼音	词性	单元（课）
打破	dǎpò	动	10(1)
打趣	dǎqù	动	2(3)
大幅	dàfú		8(1)
大功告成	dà gōng gào chéng		2(2)
大获全胜	dàhuò quánshèng		9(2)
大街小巷	dàjiē xiǎoxiàng		1(1)
大开眼界	dà kāi yǎnjiè		9(1)
大气层	dàqìcéng	名	8(2)
代	dài	名	8(1)
代劳	dàiláo	动	1(2)
待遇	dàiyù	名	7(3)
担当	dāndāng	动	7(2)
淡然	dànrán	形	4(3)
岛国	dǎoguó	名	10(1)
导航	dǎoháng	动	8(3)
倒流	dàoliú	动	7(1)
倒数	dàoshǔ	动	9(2)
得法	défǎ	形	6(3)
得名	démíng	动	1(3)
灯笼	dēnglong	名	9(1)
低碳	dītàn		10(2)
笛子	dízi	名	5(1)
底层	dǐcéng	名	7(1)
★ 蒂托	Dìtuō		8(2)
地心引力	dìxīn yǐnlì		8(2)
地域	dìyù	名	2(1)
★ 地中海	Dìzhōnghǎi		9(1)
递增	dìzēng	动	4(3)

词语	拼音	词性	单元（课）
碘	diǎn	名	8(1)
典故	diǎngù	名	2(3)
典型	diǎnxíng	形/名	8(3)
点击量	diǎnjīliàng		6(2)
电池板	diànchíbǎn	名	10(3)
电源	diànyuán	名	10(3)
淀粉	diànfěn	名	2(2)
吊胃口	diào wèikǒu		2(3)
丁	dīng	名	2(2)
顶尖	dǐngjiān	形	7(3)
定格	dìnggé	动	3(2)
豆角	dòujiǎo	名	8(1)
都	dū	名	1(3)
独具	dújù		2(1)
独奏会	dúzòuhuì	名	9(3)
顿	dùn	副	4(2)

E

词语	拼音	词性	单元（课）
二胡	èrhú	名	9(2)
二氧化碳	èryǎnghuàtàn	名	10(1)

F

词语	拼音	词性	单元（课）
发挥	fāhuī	动	9(3)
发掘	fājué	动	10(2)
发行	fāxíng	动	6(2)
番茄红素	fānqiéhóngsù	名	8(1)
翻新	fānxīn	动	10(2)
放映厅	fàngyìngtīng	名	6(2)
非凡	fēifán	形	2(2)
★ 费城交响乐团	Fèichéng Jiāoxiǎngyuètuán		5(2)
费劲儿	fèijìnr	动	2(1)
分辨率	fēnbiànlǜ	名	8(3)
分餐制	fēncānzhì	名	2(1)
粉丝	fěnsī	名	3(3)
风土人情	fēngtǔ rénqíng		5(1)
风险	fēngxiǎn	名	8(2)
凤毛麟角	fèng máo lín jiǎo		8(2)
服气	fúqì	动	6(2)
服饰	fúshì	名	9(2)
辐射	fúshè	动	8(1)
覆盖	fùgài	动	10(2)
复古	fùgǔ	动	10(2)
富丽堂皇	fùlì tánghuáng		10(3)
赋予	fùyǔ	动	5(2)

G

词语	拼音	词性	单元（课）
尴尬	gāngà	形	6(1)
感慨	gǎnkǎi	动	2(2)
感悟	gǎnwù	动	3(3)
岗位	gǎngwèi	名	7(2)
高端	gāoduān	形/名	7(2)
高科技	gāokējì	名	3(1)
告诫	gàojiè	动	7(2)
搞笑	gǎoxiào	动	3(3)
★ 哥本哈根	Gēběnhāgēn		10(3)
隔三差五	gé sān chà wǔ		4(1)
格外	géwài	副	8(2)
供	gōng	动	1(2)
★ 宫保鸡丁	gōngbǎo jīdīng		2(2)
公开	gōngkāi	形/动	6(2)
公务员	gōngwùyuán	名	7(1)
攻略	gōnglüè	名	1(1)
共事	gòngshì	动	7(3)
沟通	gōutōng	动	6(1)
观察	guānchá	动	6(1)
关键	guānjiàn	形/名	5(1)
光	guāng	副	6(2)
光污染	guāngwūrǎn		10(3)
光鲜	guāngxiān	形	7(2)
古典	gǔdiǎn	形	5(2)
古琴	gǔqín	名	9(1)
古色古香	gǔsè gǔxiāng		2(3)
古诗	gǔshī	名	9(1)
古装片	gǔzhuāng piàn	名	3(2)
规范	guīfàn	形/名/动	1(2)
国际空间站	guójì kōngjiānzhàn		8(2)
国力	guólì	名	9(1)
过程	guòchéng	名	5(3)

词语	拼音	词性	单元（课）
过硬	guòyìng	形	1(2)
过油	guòyóu		2(2)

H

词语	拼音	词性	单元（课）
海平面	hǎipíngmiàn	名	10(1)
行家	hángjia	名	2(1)
航天器	hángtiānqì	名	8(1)
浩繁	hàofán	形	6(2)
何必	hébì	副	9(2)
何乐而不为	hé lè ér bù wéi		5(1)
和睦	hémù	形	4(3)
河畔	hépàn	名	5(2)
★ 赫尔辛基	Hè'ěrxīnjī		10(3)
恨不得	hènbudé		7(1)
哼唱	hēngchàng	动	3(2)
★《红番区》	Hóngfān Qū		9(3)
红极一时	hóng jí yìshí		3(2)
呼啸而过	hūxiào érguò		10(3)
糊	hú	动	2(2)
狐疑	húyí	形	6(3)
花椒	huājiāo	名	2(2)
花纹	huāwén	名	9(2)
画质	huàzhì	名	8(3)
欢声笑语	huānshēng xiàoyǔ		9(1)
唤起	huànqǐ	动	3(2)
慌	huāng	形	1(1)
★ 黄龙	Huánglóng		1(2)
恢复	huīfù	动	5(2)
恢宏	huīhóng	形	3(1)
回味无穷	huíwèi wúqióng		2(3)
会心	huìxīn	动	3(2)
慧眼	huìyǎn	名	5(2)
混搭	hùndā		10(2)
火爆	huǒbào	形	3(1)
火候	huǒhou	名	2(2)
豁达	huòdá	形	4(3)

J

词语	拼音	词性	单元（课）
基本功	jīběngōng	名	7(2)
基层	jīcéng	名	7(2)
激励	jīlì	动	5(2)
肌肉	jīròu	名	4(2)
机械	jīxiè	名	8(2)
基因	jīyīn	名	8(1)
急剧	jíjù	形	8(2)
集中	jízhōng	形/动	1(2)
既有（的）	jìyǒu(de)		2(3)
加盟	jiāméng	动	9(3)
佳肴	jiāyáo	名	2(1)
家喻户晓	jiā yù hù xiǎo		9(3)
架	jià	动/名	9(2)
价值	jiàzhí	名	5(3)
兼	jiān	动	2(3)
★《尖峰时刻》	Jiānfēng Shíkè		9(3)
简陋	jiǎnlòu	形	4(3)
检验	jiǎnyàn	动	1(1)
剪纸	jiǎnzhǐ	名/动	9(1)
间断	jiànduàn	动	5(2)
见多识广	jiànduō shíguǎng		7(3)
践行	jiànxíng	动	10(2)
毽子	jiànzi	名	4(1)
讲述	jiǎngshù	动	8(2)
焦	jiāo	形	2(3)
交口	jiāokǒu	副	6(3)
胶片	jiāopiàn	名	3(2)
结算	jiésuàn	动	1(2)
结缘	jiéyuán	动	4(2)
节制	jiézhì	动	4(2)
借鉴	jièjiàn	动	1(2)
借口	jièkǒu	名	5(3)
津津乐道	jīnjīn lèdào		2(3)
谨慎	jǐnshèn	形	5(3)
尽兴	jìnxìng	动	1(2)
经典	jīngdiǎn	形/名	3(3)
精华	jīnghuá	名	1(2)
经络	jīngluò	名	4(2)

词语	拼音	词性	单元（课）
警报	jǐngbào	名	8(3)
景象	jǐngxiàng	名	10(3)
境遇	jìngyù	名	7(2)
究竟	jiūjìng	副	5(2)
★ 九寨沟	Jiǔzhàigōu		1(1)
就算	jiùsuàn	连	1(1)
就诊	jiùzhěn	动	4(2)
举目无亲	jǔmù wúqīn		6(3)
巨大	jùdà	形	10(1)
绝	jué	形	1(1)
均	jūn	副	1(2)
均衡	jūnhéng	形	2(1)

K

词语	拼音	词性	单元（课）
开场	kāichǎng	动	3(2)
开动	kāidòng	动	6(2)
★ 开罗	Kāiluó		9(1)
砍伐	kǎnfá	动	10(2)
抗癌	kàng'ái		8(1)
考究	kǎojiū	形	2(3)
科幻片	kēhuàn piàn	名	3(2)
空间	kōngjiān	名	6(3)
口碑	kǒubēi	名	2(3)
口令	kǒulìng	名	4(1)
酷爱	kù'ài	动	3(3)
跨越	kuàyuè	动	1(3)

L

词语	拼音	词性	单元（课）
邋遢	lātā	形	6(1)
来源	láiyuán	名	10(3)
狼狈	lángbèi	形	1(3)
劳民伤财	láomín shāngcái		6(2)
泪汪汪	lèiwāngwāng	形	2(2)
冷淡	lěngdàn	形	6(3)
理念	lǐniàn	名	6(2)
历久弥新	lìjiǔ míxīn		3(2)
力量	lìliàng	名	5(3)
例外	lìwài	动/名	8(2)
励志	lìzhì	动	5(2)
料酒	liàojiǔ	名	2(2)
拎	līn	动	10(2)
鳞次栉比	lín cì zhì bǐ		10(3)
淋漓尽致	línlí jìn zhì		9(2)
邻里	línlǐ	名	6(1)
零碎	língsuì	形/名	4(1)
落成	luòchéng	动	9(1)
略	lüè	副	2(2)
屡屡	lǚlǚ	副	10(1)

M

词语	拼音	词性	单元（课）
★ 麻婆豆腐	Mápó dòufu		2(3)
★ 马耳他	Mǎ'ěrtā		9(1)
马褂	mǎguà		9(2)
★ 马克·沙特尔沃思	Mǎkè·Shātè'ěrwòsī		8(2)
蔓延	mànyán	动	10(1)
盲目	mángmù	形	10(2)
茫然	mángrán	形	7(3)
★ 毛里求斯	Máolǐqiúsī		9(1)
冒出	màochū		7(3)
眉飞色舞	méi fēi sè wǔ		3(3)
美化	měihuà	动	6(2)
美轮美奂	měi lún měi huàn		3(3)
美妙	měimiào	形	8(2)
美誉	měiyù	名	10(3)
萌发	méngfā	动	5(2)
梦寐以求	mèngmèi yǐ qiú		5(1)
迷糊	míhu	形	6(1)
谜语	míyǔ	名	9(1)
秘诀	mìjué	名	4(3)
面孔	miànkǒng	名	6(3)
描述	miáoshù	动	2(3)
庙会	miàohuì	名	9(1)
民用	mínyòng	形	8(3)
民宅	mínzhái	名	10(3)
名副其实	míng fù qí shí		8(2)
明智	míngzhì	形	10(2)
模糊	móhu	形	5(1)

词语	拼音	词性	单元（课）
磨炼	móliàn	动	7(2)
模拟舱	mónǐcāng	名	8(2)
★《魔兽世界》	Móshòu Shìjiè		9(2)
末	mò	名	10(1)
莫大	mòdà	形	4(1)
墨水	mòshuǐ	名	7(1)
★莫扎特	Mòzhātè		5(2)
牧场	mùchǎng	名	7(3)
目的地	mùdìdì	名	1(1)

N

词语	拼音	词性	单元（课）
难得	nándé	形	6(1)
难以	nányǐ	动	4(3)
脑海	nǎohǎi	名	5(1)
内急	nèijí	动	8(3)
嫩滑	nènhuá	形	2(2)
嗯	ǹg		1(1)
念头	niàntou	名	5(3)
凝结	níngjié	动	7(2)
纽扣	niǔkòu	名	9(2)
★《纽约时报》	Niǔyuē Shíbào		5(2)
浓厚	nónghòu	形	9(1)
浓情	nóngqíng		6(2)
浓郁	nóngyù	形	2(3)

P

词语	拼音	词性	单元（课）
拍摄	pāishè	动	8(3)
排放	páifàng	动	10(1)
★《潘达利亚的迷雾》	Pāndálìyà de Míwù		9(2)
庞大	pángdà	形	7(3)
抛却	pāoquè	动	3(2)
培育	péiyù	动	8(1)
配乐	pèiyuè	动	3(1)
烹调	pēngtiáo	动	2(1)
批	pī	量	9(1)
疲倦	píjuàn	形	1(3)
皮影戏	píyǐngxì	名	9(2)
票房	piàofáng	名	6(2)
频道	píndào	名	3(1)
频繁	pínfán	形	7(2)
频频	pínpín	副	4(2)
品评	pǐnpíng	动	2(2)
品味	pǐnwèi	动/名	4(2)
平凡	píngfán	形	5(3)
平衡	pínghéng	形	10(1)
凭借	píngjiè	动	6(3)
平平	píngpíng	形	3(3)
朴实	pǔshí	形	1(3)
普通	pǔtōng	形	5(3)

Q

词语	拼音	词性	单元（课）
谦和	qiānhé	形	9(3)
千家万户	qiānjiā wànhù		8(3)
签约	qiānyuē	动	7(3)
前所未有	qián suǒ wèi yǒu		4(2)
呛	qiàng	动	2(2)
桥梁	qiáoliáng	名	9(2)
巧妙	qiǎomiào	形	10(2)
窍门	qiàomén	名	4(1)
切	qiē	动	2(2)
切断	qiēduàn	动	10(2)
切勿	qièwù		4(1)
祈福	qífú	动	9(2)
奇幻	qíhuàn	形	8(2)
旗袍	qípáo	名	9(2)
起码	qǐmǎ	形	5(3)
气息	qìxī	名	7(2)
倾倒	qīngdǎo	动	3(3)
轻而易举	qīng ér yì jǔ		2(2)
青花瓷	qīnghuācí	名	9(2)
青睐	qīnglài	动	9(2)
轻易	qīngyì	副/形	7(2)
清淡	qīngdàn	形	2(1)
清蒸	qīngzhēng	动	10(2)
情怀	qínghuái	名	5(2)

词语	拼音	词性	单元（课）
情侣	qínglǚ	名	3(1)
请教	qǐngjiào	动	6(3)
顷刻间	qǐngkèjiān		2(2)
庆典	qìngdiǎn	名	9(2)
求索	qiúsuǒ	动	5(2)
求职	qiúzhí	动	7(1)
趋势	qūshì	名	10(1)
取而代之	qǔ ér dài zhī		10(2)
圈子	quānzi	名	6(3)
权利	quánlì	名	6(1)
R			
燃料	ránliào	名	10(1)
饶有	ráoyǒu		2(3)
绕口令	ràokǒulìng	名	9(1)
★ 热岛效应	rè dǎo xiàoyìng		10(3)
热心肠	rèxīncháng	名	6(1)
热议	rèyì		3(2)
人各有志	rén gè yǒuzhì		7(1)
人间仙境	rénjiān xiānjìng		1(1)
人脉	rénmài	名	7(2)
人为	rénwéi	形	10(1)
★《人物》	Rénwù		9(3)
人性	rénxìng	名	3(3)
忍无可忍	rěn wú kě rěn		6(1)
日渐	rìjiàn	副	9(1)
融合	rónghé	动	3(2)
融入	róngrù	动	9(2)
容积	róngjī	名	10(2)
容量	róngliàng	名	1(2)
容纳	róngnà	动	6(2)
如梦似幻	rú mèng sì huàn		1(3)
如约	rúyuē		6(1)
S			
★ 3D			3(1)
★《三国志》	Sānguó Zhì		9(2)
★ 三雄称霸	sānxióng chēngbà		9(2)
散发	sànfā	动	9(2)
色泽	sèzé	名	2(3)
沙龙	shālóng	名	4(2)
铩羽而归	shāyǔ érguī		3(1)
筛选	shāixuǎn	动	7(3)
膳食	shànshí	名	2(1)
赏心悦目	shǎng xīn yuè mù		2(3)
上传	shàngchuán	动	6(2)
上火	shànghuǒ	动	4(2)
上浆	shàngjiāng	动	2(2)
尚未	shàngwèi		5(2)
奢华	shēhuá	形	6(2)
奢望	shēwàng	动	7(1)
设备	shèbèi	名	8(2)
摄入	shèrù		4(2)
身临其境	shēn lín qí jìng		3(2)
深入	shēnrù	形/动	9(1)
深思熟虑	shēnsī shúlǜ		5(1)
神秘	shénmì	形	8(2)
神清气爽	shénqīng qìshuǎng		4(2)
审美	shěnměi	动	9(2)
生涯	shēngyá	名	7(2)
盛事	shèngshì	名	9(2)
盛宴	shèngyàn	名	3(3)
失重	shīzhòng	动	8(2)
时不时	shíbushí	副	4(2)
时代	shídài	名	5(3)
时机	shíjī	名	5(3)
时至今日	shí zhì jīnrì		10(1)
时下	shíxià	名	5(1)
实惠	shíhuì	形	2(3)
实在	shízài	形/副	1(1)
释放	shìfàng	动	4(2)
★《世界报》	Shìjiè Bào		9(3)
视频	shìpín	名	6(3)
释然	shìrán	形	5(1)
事项	shìxiàng	名	1(2)
视野	shìyě	名	5(1)
手忙脚乱	shǒu máng jiǎo luàn		2(2)

词语	拼音	词性	单元（课）
首映	shǒuyìng	动	6(2)
受益匪浅	shòuyì fěiqiǎn		4(2)
舒畅	shūchàng	形	4(1)
疏通	shūtōng	动	4(2)
属于	shǔyú	动	5(3)
束缚	shùfù	动	6(3)
数据	shùjù	名	7(2)
率性	shuàixìng	副/形	5(2)
率真	shuàizhēn	形	9(3)
顺应	shùnyìng	动	4(2)
丝瓜	sīguā	名	8(1)
斯文	sīwén	形	6(1)
★ 四大满贯	sì dà mǎnguàn		9(3)
俗称	súchēng	动	8(3)
随处	suíchù	副	4(1)
随处可见	suíchù kějiàn		9(2)
随心所欲	suí xīn suǒ yù		1(2)
损耗	sǔnhào	名/动	10(2)
损伤	sǔnshāng	动	4(1)
损失	sǔnshī	名/动	10(1)
唢呐	suǒnà		9(2)
T			
太空	tàikōng	名	8(1)
★ 糖醋里脊	tángcù lǐji		2(3)
倘若	tǎngruò	连	3(2)
淘	táo	动	5(2)
套圈	tàoquān		9(1)
提取	tíqǔ	动	8(1)
体会	tǐhuì	名/动	1(2)
体谅	tǐliàng	动	4(3)
天赋	tiānfù	名	5(1)
调侃	tiáokǎn	动	9(3)
调料	tiáoliào	名	2(2)
调味品	tiáowèipǐn	名	3(2)
挑战	tiǎozhàn	动	5(3)
跳槽	tiàocáo	动	7(2)
眺望	tiàowàng	动	8(2)
同期	tóngqī	名	10(1)

词语	拼音	词性	单元（课）
同日而语	tóng rì ér yǔ		7(2)
同堂	tóngtáng		4(3)
统计	tǒngjì	动	10(2)
统一	tǒngyī	形/动	4(1)
头盔	tóukuī	名	10(3)
投入	tóurù	动	3(1)
突出	tūchū	形/动	10(3)
突破	tūpò	动	6(2)
图	tú	动	7(1)
土生土长	tǔ shēng tǔ zhǎng		1(1)
团购	tuángòu		3(1)
推	tuī	动	7(3)
推动	tuīdòng	动	5(3)
妥协	tuǒxié	动	7(2)
拓宽	tuòkuān	动	5(1)
W			
挖掘	wājué	动	9(2)
瓦	wǎ	名	9(2)
外立面	wàilìmiàn	名	10(3)
外人	wàirén	名	7(3)
网坛	wǎngtán	名	9(3)
危机	wēijī	名	7(1)
威胁	wēixié	动	10(1)
微重力	wēizhònglì	名	8(1)
帷幕	wéimù	名	3(3)
为人	wéirén	名/动	7(3)
胃寒	wèihán		4(2)
卫星	wèixīng	名	8(3)
温差	wēnchā	名	1(3)
★ 温哥华	Wēngēhuá		10(3)
温室气体	wēnshì qìtǐ	名	10(1)
温馨	wēnxīn	形	3(3)
瘟疫	wēnyì	名	10(1)
文身	wénshēn	名	9(3)
稳定	wěndìng	形	8(1)
问及	wènjí		7(2)
★ 乌兰巴托	Wūlánbātuō		9(1)
无比	wúbǐ	动	6(2)

词语	拼音	词性	单元（课）
无奈	wúnài	形	6(1)
无所不能	wú suǒ bùnéng		6(3)
无须	wúxū	副	2(1)
无一例外	wúyī lìwài		4(3)
五谷杂粮	wǔgǔ záliáng		4(3)
五花八门	wǔ huā bā mén		2(2)
舞狮	wǔshī		9(1)
物质	wùzhì	名	8(1)
X			
硒	xī	名	8(1)
稀罕	xīhan	形/动	4(3)
稀缺	xīquē	形	3(2)
席间	xíjiān		7(3)
洗涤	xǐdí	动	10(3)
下载	xiàzài	动	3(1)
弦	xián	名	5(2)
闲置	xiánzhì	动	6(3)
相比之下	xiāngbǐ zhīxià		2(1)
相对	xiāngduì	形	1(2)
相提并论	xiāngtí bìnglùn		3(1)
乡间	xiāngjiān	名	5(2)
乡土	xiāngtǔ	名	5(2)
像素	xiàngsù	名	8(3)
消防	xiāofáng	名	8(3)
消耗	xiāohào	动/名	1(2)
小巧玲珑	xiǎoqiǎo línglóng		8(3)
小巷	xiǎoxiàng	名	10(3)
效仿	xiàofǎng	动	4(3)
效力	xiàolì	名	4(2)
笑眯眯	xiàomīmī	形	4(3)
携带	xiédài	动	8(3)
协奏曲	xiézòuqǔ	名	9(3)
新潮	xīncháo	形	10(2)
心境	xīnjìng	名	4(3)
心思	xīnsi	名	1(1)
心醉	xīnzuì	动	3(3)
欣欣向荣	xīnxīn xiàng róng		3(2)
信誉	xìnyù	名	1(2)

词语	拼音	词性	单元（课）
星光熠熠	xīngguāng yìyì		8(2)
行程	xíngchéng	名	1(2)
形势	xíngshì	名	7(1)
形态各异	xíngtài gèyì		8(1)
★ 休斯敦火箭队	Xiūsīdūn Huǒjiàn duì		9(3)
许可证	xǔkězhèng	名	5(3)
悬疑片	xuányí piàn		3(2)
穴位	xuéwèi	名	4(2)
学无止境	xué wú zhǐjìng		5(2)
熏陶	xūntáo	动	5(2)
Y			
烟花	yānhuā	名	9(2)
烟雾探测器	yānwù tàncèqì	名	8(3)
淹没	yānmò	动	10(1)
严峻	yánjùn	形	7(1)
延年益寿	yán nián yì shòu		4(3)
沿途	yántú	名	1(2)
眼花缭乱	yǎnhuā liáoluàn		2(3)
演示	yǎnshì	动	2(2)
演奏	yǎnzòu	动	9(3)
★ 羊肉泡馍	yángròu pàomó		1(1)
痒痒	yǎngyang	形	3(3)
遥不可及	yáo bù kě jí		6(3)
遥远	yáoyuǎn	形	5(1)
业务	yèwù	名	1(1)
依赖	yīlài	动	1(2)
一流	yīliú	名	7(3)
一步登天	yí bù dēng tiān		7(1)
一旦	yídàn	副	4(1)
一举两得	yìjǔ liǎngdé		10(2)
一体	yìtǐ	名	3(2)
一席之地	yì xí zhī dì		3(2)
依托	yītuō	动	9(2)
遗传	yíchuán	动	8(1)
以此	yǐcǐ		3(1)
裔	yì	名	8(2)
异常	yìcháng	副	1(3)

词语	拼音	词性	单元（课）
异样	yìyàng	形	6(1)
抑或	yìhuò	连	10(3)
意外	yìwài	形/名	1(1)
意味着	yìwèi zhe	名	7(1)
义务	yìwù	名	6(1)
溢于言表	yì yú yán biǎo		4(3)
驿站	yìzhàn	名	8(2)
因素	yīnsù	名	10(1)
音效	yīnxiào	名	3(1)
银幕	yínmù	名	3(2)
婴儿	yīng'ér	名	8(3)
★《英雄无敌》	Yīngxióng Wúdí		9(2)
影迷	yǐngmí	名	3(1)
硬着头皮	yìngzhe tóupí		2(2)
应运而生	yìng yùn ér shēng		9(1)
优厚	yōuhòu	形	7(3)
优越	yōuyuè	形	4(3)
由此	yóucǐ	连	9(1)
油煎	yóujiān	动	10(2)
油腻	yóunì	形	2(1)
油炸	yóuzhá	动	10(2)
尤为	yóuwéi	副	7(2)
有机	yǒujī	形	9(2)
有为	yǒuwéi	动	7(3)
诱发	yòufā	动	4(3)
余波	yúbō	名	7(1)
与众不同	yǔzhòng bùtóng		6(2)
郁闷	yùmèn	形	6(1)
预测	yùcè	动	10(1)
预算	yùsuàn	名	1(1)
缘于	yuányú		4(3)
阅历	yuèlì	名/动	5(1)
乐团	yuètuán	名	9(3)
跃跃欲试	yuèyuè yù shì		2(2)
蕴藏	yùncáng	动	5(2)
蕴含	yùnhán	动	2(1)
云里雾里	yúnlǐ wùlǐ		4(2)
运载火箭	yùnzài huǒjiàn	名	8(2)

Z

词语	拼音	词性	单元（课）
灾害	zāihài	名	10(1)
再三	zàisān	副	6(3)
在线	zàixiàn	动	3(1)
在座	zàizuò	动	7(1)
★藏族	Zàngzú		1(3)
遭	zāo	量	8(2)
造成	zàochéng	动	10(1)
暂时	zànshí	名	1(1)
增强	zēngqiáng	动	9(1)
增添	zēngtiān	动	1(3)
崭露头角	zhǎn lòu tóu jiǎo		9(3)
占	zhàn	动	7(2)
占据	zhànjù	动	3(2)
彰显	zhāngxiǎn	动	9(3)
招牌	zhāopai	名	9(2)
招牌菜	zhāopáicài		2(3)
朝气蓬勃	zhāoqì péngbó		5(3)
照理	zhàolǐ	副	7(3)
折扣	zhékòu	名	3(1)
针灸	zhēnjiǔ	动	4(2)
振荡	zhèndàng	动	3(1)
震撼	zhènhàn	动	3(3)
阵容	zhènróng	名	9(3)
正值	zhèngzhí		5(2)
脂肪	zhīfáng	名	4(2)
执棒者	zhíbàngzhě	名	5(2)
执著	zhízhuó	形	7(2)
值得	zhídé	动	1(1)
指挥家	zhǐhuījiā	名	9(3)
致电	zhìdiàn	动	1(1)
质感	zhìgǎn	名	3(1)
智能	zhìnéng	名	8(3)
志同道合	zhì tóng dào hé		7(1)
制宜	zhìyí		4(2)
制作	zhìzuò	动	2(1)
重中之重	zhòng zhōng zhī zhòng		10(2)

词语	拼音	词性	单元（课）
周游	zhōuyóu	动	5(1)
周折	zhōuzhé	名	5(2)
主办方	zhǔbànfāng		9(1)
主动	zhǔdòng	形	1(2)
主流	zhǔliú	名	9(3)
主人公	zhǔréngōng	名	3(2)
主题曲	zhǔtíqǔ	名	3(2)
主修	zhǔxiū		7(3)
注入	zhùrù	动	7(2)
砖	zhuān	名	9(2)
撰写	zhuànxiě	动	1(2)
装潢	zhuānghuáng	名/动	2(3)
状元	zhuàngyuan	名	9(3)
追星族	zhuīxīngzú		3(3)

词语	拼音	词性	单元（课）
姿势	zīshì	名	8(2)
资源	zīyuán	名	6(3)
紫红薯	zǐhóngshǔ	名	8(1)
自闭	zìbì		6(3)
自打	zìdǎ	介	4(1)
自告奋勇	zì gào fènyǒng		6(1)
自然生态系统	zìrán shēngtài xìtǒng	名	10(1)
宗教	zōngjiào	名	5(2)
纵然	zòngrán	副	7(3)
足疗	zúliáo		4(1)
足以	zúyǐ	动	2(3)
左邻右舍	zuǒlín yòushè		6(1)

听力文本及答案

第1单元 去中国当“驴友”

（一）1-01

你们问我算是找对人了，我可是土生土长的北京人，从小到大北京城里的名胜古迹、大街小巷我都跑遍了，而我大学又是在西安读的，对那儿也熟着呢。你们还参加什么旅行团啊，在北京我就是你们的免费导游。再说，现在介绍北京、西安的书那么多，网上驴友的旅行攻略也很容易查到，自助游一点儿问题都没有。

有些外国朋友之所以不选择自助游是因为语言不通，而你们正好可以借这个机会检验检验你们的汉语学习成果啊。我现在出门旅行都是自助，想去哪儿就去哪儿，一个景点想玩儿多久就玩儿多久，最重要的是咱们都是学生，能省就省点儿，自己玩儿可以自己安排预算。不过自助游就是得费些心思安排。嗯，我就提醒你们一点，出门在外千万要跟我保持通讯联系，就算真的遇到什么意外情况，也别慌，随身带本词典，不行就给我打电话。我还会给你们介绍我在西安的一个好朋友，人特别实在，这样就双保险了。对了，记得让他带你们去尝尝我最喜欢的羊肉泡馍，那味道，绝了。两周，你们也可以增加一个目的地，比如四川啊、云南啊，可玩的地方实在太多了。对，去九寨沟吧，人间仙境，很值得一看。（449字）

答案

3. (1) √　(2) ×　(3) ×　(4) √　(5) √　(6) √　(7) √　(8) ×　(9) ×

（二）1-03

欢迎致电北京梦之旅国际旅行社。北京旅游及周边游请按“1”；国内旅游请按“2”；出境旅游及签证请按“3”；会议接待、团体旅游请按“4”；租车、酒店预订及机票业务请按“5”。

B：您好，请问有什么可以帮您？

A：您好，我们是留学生，现在正好有两周的假期，请问有适合我们的旅行团吗？

B：啊，是这样，不知道您懂，啊您和朋友的汉语怎么样啊？我们公司就是，目前就是国内团都是中文导游，如果到时您听不懂也没办法，现在，暂时现在还安排不了外语导游。

A：嗯，汉语懂一些。我们想去西安，然后，嗯，您说再去别的什么地方好？

B：嗯，两周的话，不过两周哪儿也没有那么长的国内团，所以最好，我建议你们最好到西安自己买票，在当地报个团，那也不会浪费回程的机票。完后你们可以去四川、云南什么的，就是接着玩儿。

B：哦，飞机票是不退的？

A：对，北京出发的行程都是往返的。改不了。（370字）

答案

3. (1) B　(2) E　(3) D　(4) C

第2单元 中国美食之旅 2-01

主持人：朋友们！欢迎大家光临由中国学生学者联合会举办的“中国美食体验日”活动现场。中国有句俗话叫做“民以食为天”，通过这次体验活动，相信您多少能对“吃”中所蕴含的中国饮食文化有所体会。在今天的活动中，您将品尝到种类众多的“中国美食”，让您无须购买昂贵的机票就可享受一段免费的美味旅程，我们还特意为您安排了“美食导游”，为您介绍各地各色美食；此外，您也可以报名参加“学做中国菜大赛”，过一把当中餐大厨的瘾。请注意！冠军获得者可获得在中餐馆免费就餐一次的大奖！朋友们，让我们尽情品尝精美地道的中国美食，感受独具魅力的中国饮食文化吧！

现场记者：您好！感觉怎么样？

体验者1：我已经爱上中国菜了，味道真是没得说！我感觉啊，在烹调方法方面，中国菜主要以炒菜为主，色、香、味俱全。有很多菜比较辣，也比较油腻，但也不乏清淡可口的素菜。总体上说，膳食搭配比较合理，营养也比较均衡。

现场记者：您真是个行家！

体验者2：哇！中国菜很“难吃”！别误会，我的意思是餐具方面，吃西餐用刀叉，吃中餐则用筷子，这对我来说不太容易。比起中国人，我用筷子夹菜费劲儿得多，尽管如此，我还是喜欢用筷子吃中餐，感觉很地道。

体验者3：我好喜欢这种面条。西餐也有面条，相比之下，中国面条的味道和做法独具特色。汤面、炒面、拌面……令人大饱口福。中餐的主食种类真多！米饭，各式各样的面食，面条、包子、饼什么的，不同的地域还有不同的制作工艺和风格，让人大开眼界。

体验者4：刚才听主持人说，跟西餐采用“分餐制”不同，中餐呢，餐桌是圆的，人们习惯把各种菜摆在一起，围坐桌旁，同时享用多种佳肴，气氛非常热闹。嗯，好想试试！（692字）

答案

3. (1) B　(2) D　(3) C　(4) A

4. (1) √　(2) ×　(3) ×　(4) ×　(5) ×　(6) √

第3单元 我爱看电影 3-01

朋友一：我是个超级影迷，不过一年也就去一两次电影院。电视上专门有电影频道，我家里也有好多DVD，何况都网络时代了，我想大家更乐意在网上看电影，想看什么片子就看什么片子，在线看，下载来看，随你。手机也可以看电影啊，尤其是我这样的上班族，公车上、地铁里，随时随地都可以欣赏自己喜欢的片子，以此打发无聊的时间，也省去跑电影院的麻烦，省时、省力又省钱，“一举三得”啊。

朋友二：毫无疑问，当然得去电影院看啊。什么电视、电脑，完全不能和在电影院看相提并论。就说观赏效果吧，那些场面恢宏的大片、高科技影片，那个那个，3D的，或者，特别有些讲究拍摄艺术的，在家里看，画面质感差远了，根本出不来那种效果。而且对像我这样注重电影音效的人来说，振荡心灵的电影配乐，只有在影院里才能获得高保真的感受，家中的音响效果则会大打折扣。还有还有，在黑暗中跟大家一起随影片情节或悲或喜的那种氛围与投入又岂是独坐家中所能代替的？

朋友三：关于这个问题，嗯，要看怎么说。这么说吧，你看目前我还是学生，对我来说电影票的价格还比较贵，我要考虑自身的经济承受能力，而且很多时候大片、新片刚一上映火爆得很，如果不预订，到电影院现买票，人家一句“满座”，你就只得铩羽而归。不过话又说回来，现在电影院的条件都升级了，票价是贵，但有时可以通过学生票、团购、优惠时段等方式打折，所以遇到特别值得一看的片子，我还是会考虑去看的。要是赶上三五朋友小聚或者情侣约会，去电影院看场好电影，也是不错的选择。（639字）

答案

3. (1) B (2) A (3) B (4) B
4. (1) √ (2) √ (3) √ (4) √ (5) √ (6) ×

第4单元 我的健康我做主 4-01

刘阿姨：养生重要啊，上了岁数尤其马虎不得。年轻的时候忙工作，退了休还不好好儿保养保养？远的不说，明年我们老两口就要抱孙子了，早想好要帮着看了，身体不行哪成啊？这不，自打退休以后，我俩坚持每天早上到公园里跟大家一起锻炼身体，我老伴儿练练拳，我舞舞剑，有时还踢踢毽子什么的。大伙儿在一块儿，有统一的音乐和口令，一点儿也不闷，即使有点累也能坚持练完，而且大家在一起说说笑笑，就算心里头有点儿小烦闷也很快就忘了，整个身心都觉得舒畅了。你看我现在这精气神，以前我可是个"病秧子"，隔三差五就闹点儿小毛病。

儿子：我呀，上班族，平时节奏快、压力大，工作都忙得喘不过气来，哪儿有那么多时间去养生保健啊，不过"身体是革命的本钱"，我还是有一些保健小窍门的，比如不论怎么忙，也要尽量抓紧零碎时间休息，什么地铁上、飞机上，一旦有了小空闲，我就会动手按摩按摩脸、耳、手等部位。我的经验之谈啊，切勿久坐不起，整天以车代步，暴饮暴食……这些习惯短期内未必会显出不良影响，但长此以往，就会对身体造成莫大的损伤。明年我家宝宝就要出生了，希望能让他看见一个健康、充满活力的爸爸。

儿媳妇：我是一名家庭主妇，最大的生活乐趣就是照顾好一家人的身体。现在电视上的养生栏目很火，网络、报刊、书籍中的养生知识更是随处可见，我可是个忠实的观众和读者。我建议大家多学习些养生知识，这对我们的日常保养大有好处。老话说"药补不如食补"，我常会根据季节和天气的变换，煲些具有保健功效的粥啊、汤啊的，有时我也做做足疗、按摩什么的，以此减轻疲劳和压力。我身体保养好了，相信生的宝宝也会特别健康的。（664字）

答案

3. (1) C (2) D (3) C (4) B (5) D
4. (1) √ (2) √ (3) √ (4) × (5) × (6) √

第5单元 梦想时空 5-01

A：今年我考取了法学院，这是很多人的梦想吧。

主持人：法学可是时下最热门的专业之一，你很优秀嘛！

A：不过说实在的，法学院是父母希望我考的。谈到梦想，我比较被动。不怕你笑话，我并不知道自己真正擅长的是什么，也没怎么想过真正想要的是什么，从小到大主要是听我父母的意见。我觉得父母有丰富的人生阅历，在人生的关键时刻，他们总是会客观地帮我分析现状，确定方向。我想他们的决定应该都是经过深思熟虑的，如果我能替他们实现梦想，何乐而不为呢？

主持人：可以理解。

B：其实儿时的梦想在我脑海中已经很模糊了，只是觉得拥有梦想是一件非常崇高、伟大，也会让别人觉得很崇拜的事儿。慢慢长大，梦想就变得更加具体。现在的梦想，周游世界吧，肯定要带上自己的爱人。不仅仅是周游，最好在每个地方住上三五个月，体验一下当地的风土人情。可惜现在还在奋斗期，这梦想看上去好遥远，是不是？

主持人：那首歌不是说"我的未来不是梦"，相信有一天定会实现的。

C：五年级时父母决定拓宽我的音乐视野，给我买了一把二胡。但老师说我手形不太适合拉二胡，所以他们转而让我学习笛子。很遗憾，即使是在小学乐队里，我都没有足够的天赋成为最优秀的演奏者，我满脑子只有篮球。我还记得我最终坐下来，跟父母说要放弃音乐去从事运动时内心的压力和沉重。我也还记得当他们放弃要我成为一个伟大音乐家的梦想时，我内心的释然和快乐。能够永远把我的笛子收起来而拿起篮球，是我梦寐以求的！

主持人：梦想没有优劣之分，我想篮球一定给你的童年增添了很多快乐。（629字）

答案

3. (1) A　(2) D　(3) B　(4) B

4. (1) √　(2) √　(3) √　(4) √　(5) ×　(6) ×

第6单元 大城小事 6-01

（一）

A1：郁闷！我每天早上六点半就得爬起来，七点多就挤在北京地铁大军里往学校赶。

B1：天哪，这么早！怎么不换个近点儿的住处？

A1：这一方面吧，房东是我妈的朋友，住那儿免费；再说住在中国人家里，不是随时都可以练习说汉语嘛，也是难得的机会。

B1：那还是忍了吧，好事哪能都给你啊，坚持坚持。早上不迷糊的时候你就在路上观察观察北京人的生活，没准儿还有意外的收获呢。

A1：嗯，说的也是。

（二）

A2：毕业后我开始自己租房住，就想着跟左邻右舍搞好关系，于是便自告奋勇帮邻居修电脑。

B2：挺好的啊！电脑修好了，邻里关系自然也近了不少。

A2：那倒是！阿姨们这个夸我热心肠，那个夸我有爱心。可是赞扬声过后我的烦恼也来了。晚上下班后看球赛的时候，双休日睡得正香的时候，一个个温柔的电话便如约而至，“小张，有空没，帮阿姨看看电脑啊？”

B2：怎么会这样！

A2：无奈之下，我做了一件T恤衫，上面写着“我—不—会—修—电—脑”。可打那以后，我总是感到阿姨们用异样的眼光看着我。其实我并不是不想帮别人，可是，嗐，怎么说呢，真是的！

B2：是挺尴尬的。

（三）

A3：刚合租时，看那个“眼镜”斯斯文文的，我心中暗喜。哪知道被他的外表给骗了！此人超级邋遢。

B3：不会吧？

A3：做饭从来不知道把厨具洗干净，厕所也从来没见他打扫过一回，客厅的地都是我一个人在擦。

B3：真是的，有点过分！

A3：每天带个耳机，跟他说什么好像都没有听到，没法儿沟通！最后我在门上给他留纸条，写明合租者各自的权利和义务。问他看没看，这回他说话了，“我眼镜800度，没看见。” 实在是忍无可忍！

B3：干脆搬家走人算了！（641字）

答案

3. (1) C　(2) D　(3) B　(4) B

第7单元　职场风云 7-01

主持人：好，让我们先听听你们已经毕业的师兄师姐们当时是怎么选择的。

学生1：08年经济危机，正好让我们这届赶上了。有人说毕业就意味着失业，想想好可怕！当时我真恨不得时间倒流，再过一次大学生活。毕业后我一直待在家里不愿意去面对激烈的求职竞争，一年后才逐渐调整好了心态，后来通过招聘网，我找到了一份网页编辑的工作。

学生2：09年经济危机余波未尽，就业形势依然严峻，幸运的是我被保送上了本校研究生，可以暂时躲避一下。现在我即将面临研究生毕业的就业问题，嗯，我考虑参加公务员考试。

学生3：去年国内经济形势有了一定的转变，招聘单位也增加了一些，我是现实派，毕业了，不能还老向家里伸手。我没奢望自己能一步登天，工作就要从底层做起。专业上我还是有一定优势的，就找了份技术员的工作先干着，慢慢再图发展吧。

主持人：你们三位同学今年正面临着毕业，你们也谈谈吧。

学生4：我是应届生，毕业在即，可我还没找工作。我打算一毕业就自主创业，趁年轻闯荡闯荡。在座的有没有志同道合的朋友，专科，本科，硕士？学历无所谓。只要你想靠自己的劳动创造生活，咱们一起干吧！

学生5：我计划出国留学喝点儿洋墨水儿，多积累些专业知识，等回来时相信能找到更好的机会。可能的话，留在国外发展也是不错的选择，争取当个国际型人才。

学生6：你们很多人都向往大城市、高学历，过新鲜刺激的生活，但我俩都想好了，去她家所在的小城市找个稳定点儿的工作，朝九晚五，这是爱情的力量。人各有志，祝福我们吧！（614字）

答案

4. (1) √　(2) ×　(3) √　(4) ×　(5) ×　(6) √

5. (1) C　(2) D　(3) E　(4) F　(5) A　(6) B

第8单元　太空技术与生活

（一）8-02

太空南瓜、太空茄子、太空西瓜、太空西红柿……越来越多的“太空蔬果”走上了人们的餐桌。说到太空蔬果，人们首先想到的就是形状怪、重量大。太空茄子有足球那么大；太空丝瓜像蛇一样细长；太空南瓜一个就有120斤；太空豆角最长的有1米多；太空西瓜最大的有80多斤。

不过，除了形状和重量，太空蔬果的营养含量也都大幅提高。和普通的豆角相比，太空豆角的维C含量高出10%到20%；太空西瓜含糖度更高，味道更甜；太空紫红薯的抗癌物质碘、硒的含量比普通红薯高20倍以上；太空西红柿中抗癌物质番茄红素比普通西红柿高出3—4倍。因此，科学家们正在研究从太空西红柿、太空紫红薯等太空蔬果中提取对人体有益的成分，开发新的抗癌保健品。（292字）

答案

2. (1) √　(2) ×　(3) ×　(4) √　(5) ×

3. (1) D (2) B (3) A (4) C (5) C

（二）8-03

太空蔬果是怎么生长出来的呢？这要从种子随航天器进入太空说起。在太空环境里，种子受到太空辐射、微重力等空间因素影响后，DNA基因发生变化，遗传物质也随之发生改变。人们现在看到的形态各异的太空蔬果就是由太空种子培育出来的。

正因为太空种子发生了基因变异，所以很多人都不敢食用太空蔬果。其实，太空种子播种下去后，生长出来的叫做一代产品，科学家要对一代产品进行筛选和基因变异研究，然后继续培育二代、三代、四代产品，等品种稳定下来后才会投放市场。因此，当你看到超市里像胳膊一样粗的黄瓜，跟足球一样大的茄子时，大可不必过于担心，完全可以放心食用。（264字）

答案

3. (1) √ (2) √ (3) × (4) × (5) √

第9单元 地球村里看中国

（一）9-02

随着中国国力的增强、国际地位的提高，世界对中国文化的兴趣日渐浓厚，由此，海外的“中国文化中心”应运而生。1988年，首批“中国文化中心”在毛里求斯和贝宁落成。“文化中心”的汉语教学、武术、舞蹈、烹饪等活动引起了当地民众对中国文化的浓厚兴趣，培养了一大批中国文化的爱好者。

海外“中国文化中心”在国际文化交流方面起到了积极的作用。从非洲的毛里求斯到地中海的马耳他，再从欧洲的巴黎、柏林到亚洲的乌兰巴托，世界各地的“中国文化中心”每年都会举办丰富多彩的文化活动。据统计，光2006年到2010年这五年间，“中国文化中心”就举办了近3000场文化活动，到“文化中心”参加汉语、武术、舞蹈、烹饪、剪纸等各类培训的学员约3万人。与此同时，各个“文化中心”每年还会把优秀学员和当地的艺术家请到中国来，让他们进一步深入了解中国和中国文化。（329字）

答案

2. (1) √ (2) × (3) × (4) √ (5) √
3. (1) B (2) C (3) D (4) B (5) D

（二）9-03

春节是中国的传统节日，在中国人贴春联、放鞭炮，欢度春节之时，法国、马耳他、埃及、贝宁、毛里求斯、韩国、哈萨克斯坦等国的很多民众来到当地的“中国文化中心”，亲身参与春节活动，在欢声笑语中了解中国春节。

为庆祝春节，巴黎“中国文化中心”的大厅里装饰了大红灯笼，墙上挂满了中心学员创作的国画和书法作品。春节联欢会上，13个汉语班的学员表演了唱中文歌、说绕口令、读古诗、弹古琴等精彩的节目。

马耳他“中国文化中心”举办了“中国新春庙会”活动，吸引了1000多名马耳他人参加。庙会上，主办方邀请当地人写书法、画国画、品中国茶、尝中国美食。丰富多彩的活动受到了当地民众的热烈欢迎。

开罗“中国文化中心”安排的舞狮表演让来参加新春联欢会的埃及人大开眼界，联欢会上用筷子夹花生、猜谜语、套圈等游艺活动让他们玩儿得不亦乐乎。

中国节日，全球同乐，春节已走近海外民众，并得到他们的理解和欢迎。（373字）

答案

3. (1) √　(2) √　(3) ×　(4) √　(5) √

第10单元 时尚环保的低碳生活

（一）10-02

时至今日，气候变暖已是全球气候变化的一个发展趋势。具体来说，它指的是在一段时间内，地球大气和海洋温度上升的现象，而这种现象主要是由人为因素造成的。

根据气象部门的观察记录，上世纪80年代以来，全球气温明显上升。1981—1990年全球平均气温比100年前上升了0.48℃。而到了上世纪末，地球表面平均温度更是增加了大约0.6℃。进入新世纪以后，世界各地的高温纪录屡屡被打破。2003年 8月10日，英国伦敦的最高气温达到38.1℃，打破了1990年的纪录。同期，巴黎南部晚上的最低温度为25.5℃，打破了1873年以来的纪录。德国也打破了百年最高气温纪录。气象专家预测，按照这种趋势发展下去，到2100年，全球气温估计将上升大约1.4℃—5.8℃，从而给全球环境带来巨大影响。（301字）

答案

2. (1) √　(2) ×　(3) ×　(4) √　(5) ×
3. (1) C　(2) C　(3) D　(4) B　(5) D

（二）10-03

研究发现，全球气候变暖主要是由温室气体排放过多造成的。近一个世纪以来，人类大量使用煤、石油等燃料，排放出大量以二氧化碳为主的温室气体。温室气体越积越多，导致全球气温升高，气候发生变化。我们的地球开始发烧。

按照现在的发展趋势，到2050年，全球气候变暖将造成一系列严重影响。海平面不断上升，世界上2000多个主要城市和43个岛国将被淹没；全球15%—57%的物种将消失；自然灾害也会频繁发生，最高可能造成每年1万亿美元的损失；世界变得干旱缺水，频繁发生大范围的森林火灾；同时还会出现瘟疫蔓延的问题。

可以说，全球气候变暖既危害自然生态系统的平衡，更威胁人类的食物供应和居住环境。（275字）

答案

3. (1) √　(2) ×　(3) √　(4) ×　(5) √